北海道
大人の日帰り
スポット 2024-25

JN122171

花岡俊吾 著

北海道新聞社

道央

道南

表紙カバー写真

（上段左から）小樽天狗山、ニセコ蒸溜所、
　　　　　　　箱館奉行所
（中段左から）れすとらん津花館、ファーム富田、
　　　　　　　さっぽろ青果館
（下段）　　　島武意海岸

裏表紙カバー写真
かもめ島

1ページ写真
AOAO SAPPORO

　この本では、北海道内にたくさんある魅力的なお出かけスポットの中から、お薦めできる施設をピックアップして紹介しています。掲載情報は、2024年（令和6年）3月現在の情報です。施設の現況や商品の販売状況、料金などは変更になる場合もあります。ご利用の際には、必ず事前にご確認ください。

札幌圏エリアMAP

INDEX目次

札幌近郊のスポットを掲載しています。
※黒の数字は本文の掲載ページです。

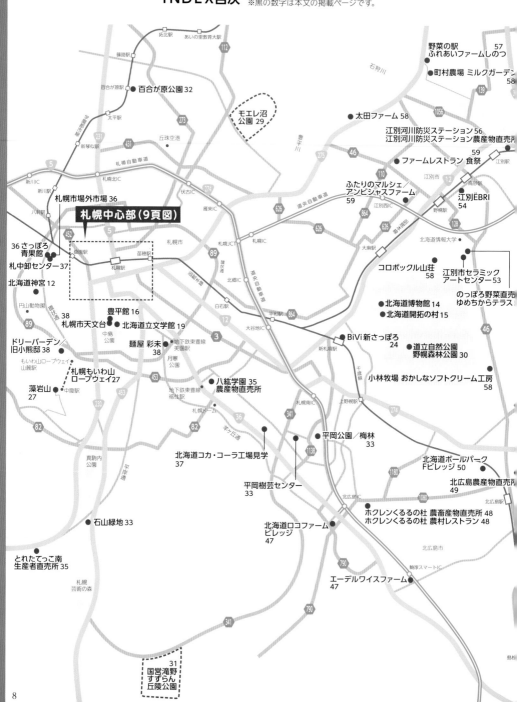

札幌中心部（9頁図）

千歳

花茶 46
ふれあいファームいずみ 45
みなみ農園 46
小川農場 46
インディアン水車／
サケのふるさと千歳水族館 39
駒そば亭 46
新千歳空港
ターミナルビル 40

栗山・長沼・由仁

夢きらら 97
押谷ファームカフェ 98
小林酒造 100
酒とそば 錦水庵 100
ながぬま温泉／ジンギスカン 98
長沼のcafe インカルシ 99
あいチュらんど 99
ゆにガーデン 96
kitchen FARM YARD 97

札幌中心部

北海道大学
イチョウ並木 33
北海道大学
総合博物館 13
サッポロビール博物館 19
JRタワー展望室T38 26
旧永山武四郎邸／
旧三菱鉱業寮 18
札幌市民交流プラザ 25
北菓楼札幌本館 17
大通公園西12丁目
サンクガーデンゾーン 28
札幌市資料館 18
モユクサッポロ 22
AOAO SAPPORO 20
COCONO SUSUKINO 23

ローズガーデンちっぷべつ 110

111
北竜町農畜産物直売所 みのりっち北竜

サンフラワー北竜

雄冬岬展望台／白銀の滝 193
北竜町ひまわりの里 113

善盛園 63

きむら果樹園 63

ふじみや 64

雨竜沼湿原 112

ライスランドふかがわ

道の駅 鐘のなるまち・ちっぷべつ 113

情報発信基地 AKABIRAベース 105

青の洞窟 68
おたる水族館 70
祝津パノラマ展望台 69
小樽市鰊御殿 76（2024年は休館）
民宿青塚食堂 85

108 旧赤間炭鉱ズリ山展望広場
105 赤平市炭鉱遺産ガイダンス施設

道の駅 スタープラザ芦別 110

うたしないチロルの湯

にしん御殿
小樽貴賓館
（旧青山別邸）77
小樽市総合博物館
本館 79

108 浦臼神社

中西サクランボ園 108
大橋さくらんぼ園 109

弁天歴史公園 64
いしかり湾漁協「朝市」60

はまなすの
丘公園 64

61
厚田港朝市

和風ドライブイン しらかば茶屋
104

104
カフェ・ストウブ

安田侃彫刻美術館 アルテピアッツァ美唄 106

ホクレンパール
ライス工場見学 59

北欧の風
道の駅
とうべつ 65

宮島沼
104

やき鳥 たつみ
104

スウェーデン交流センター 65

ふれあい倉庫 65

103
山﨑ワイナリー

小樽（上図）

北海道ワイン
おたるワインギャラリー 84

丹野商店
62

辻野商店
つじの蔵 65

宝水ワイナリー 103

小樽天狗山 71

JAさっぽろ
地物市場とれのさと
62

いわみざわ公園
バラ園 102

ログホテル メープルロッジ 103

毛陽ふれあいの郷直売所 103

32
前田森林公園

栗山・長沼・由仁（9頁図）

夕張市石炭博物館 101

八剣山ワイナリー／
八剣山キッチン＆マルシェ 34

定山渓ファーム
34

札幌周辺
（8頁図）

幸福の黄色いハンカチ想い出ひろば 102

夕張メロンドーム 102

49 恵庭農産物直売所かのな
51 花の拠点はなふる

千歳（9頁図）

郷の駅
ホッときもべつ 94

52
えこりん村

44 MEON農苑／
ミオンエシカル
キッチン＆カフェ

ノーザンホースパーク 126

オコタンペ湖 47

支笏湖
ビジターセンター 44

ザ バードウォッチング
カフェ
45

イコロの森 126

支笏湖 42

苔の回廊
19

樽前山
43

日高（左上図）

樽前ガロー
127

海の駅
ぷらっとみなと市場 125

鵡川（下図）

大湯沼川天然足湯 118

登別地獄谷 117

たらこ家虎杖浜／
松田水産 117

白老（左下図）

鵡川

カネダイ大野商店 127

天勝 121
地球岬 121

ぽぽんた市場 128

道の駅 むかわ四季の館 127

11

北海道神宮

ほっかいどうじんぐう[札幌市]

■ 由緒正しい総鎮守で自身と世の発展を祈る

　春夏秋冬いつ行っても清々しい空気感にふれることができる場所だから、年に1度の初詣のお参りだけではもったいない。北海道の総鎮守である北海道神宮の創祀は1869年（明治2年）。北海道の開拓・経営を守護するために、明治天皇の思し召しによってこの地に祀られ、人々に崇敬され今日に至る。北海道の国土の神である「大国魂神」、国土経営・開拓の神である「大那牟遅神」、国土経営・医療・酒造の神である「少彦名神」、第122代の天皇「明治天皇」の四柱の神様をお祀りする。

　第二鳥居から続く表参道は春になると、桜の名所となる。境内には開拓神社のほか、六花亭参拝者休憩所と神宮茶屋があり、ほっとひと息つける。

六花亭のお菓子「判官さま」は大人気

御朱印は祈祷受付で

Data

所札幌市中央区宮ヶ丘474 ☎011-611-0261 営神門の開閉時間は6時〜17時（4月1日〜10月31日、季節により変動あり）

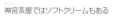

神宮茶屋ではソフトクリームもある

北海道大学総合博物館 ほっかいどうだいがくそうごうはくぶつかん [札幌市]

大学が収集300万点以上の資料や標本が展示される

北大のメインストリートに面していて、学生でなくても無料で利用できる。2016年にリニューアルし、同大12学部の研究内容を紹介する「北大のいま」といった展示が増え、カレーやパスタのほかに「北大農場牛乳」といったドリンクを提供するカフェコーナーができた。館内は順路に沿って1階から3階まで、札幌

農学校として開校以来、140年にわたって収集・保存・研究されてきた300万点以上にも及ぶ標本や資料が並んでいるので、見所が多い。特に、マンモスの実物大模型や化石燃料・鉱石など、愛好家には垂涎ものの展示は圧巻。

博物館の建物は、旧理学部本館として利用されてきたもので、1929年（昭和4年）に完成したモダン・ゴシック風の建築だ。

北極圏の展示コーナー

アルコールも飲めるカフェ

築100年近い建物は荘厳だ

鉱石好きにはたまらない展示

Data
所 札幌市北区北10条西8丁目 北海道大学構内 ☎011-706-2658 営10時〜17時、月曜定休（祝日は開館し、週明けの平日を休館）、年末年始休業

北海道博物館 ほっかいどうはくぶつかん[札幌市]

道央

道南

道北

オホーツク

釧路・根室

十勝

5つのテーマから北海道を知り学べる

北海道の自然・歴史・文化を学ぶことができる博物館。北海道を短時間で俯瞰的に知るには最適な場所であろう。1階と2階から成る展示フロアは「北海道120万年物語」「アイヌ文化の世界」「北海道らしさの秘密」「わたしたちの時代へ」「生き物たちの北海道」からなる5つのテーマから構成されている。

展示は、ジオラマがあったり、剥製があったり、等身大の人形があったり。音声ガイドもあり、多面的に楽しめる。特に見学者からの評判が高いのは「北海道鳥瞰図屏風」。幅6メートルほどの屏風に細部にわたって精緻な道内の「空撮絵図」が描かれていて、じっくり見入る見学者が多い。見学の際に疑問が浮かんだことは、「情報デスク」に座るスタッフに聞いてみよう。有料の音声ガイドも充実している。

圧巻の北海道鳥瞰図屏風

プロローグは「北と南の出会い」

野幌森林公園の中に佇むレンガの外観

Data
所 札幌市厚別区厚別町小野幌53-2 ☎011-898-0466 営9時30分～17時（5月～9月）、～16時30分（10月～4月）、毎週月曜休館（祝日の場合は直後の平日）

14

北海道開拓の村 ほっかいどうかいたくのむら[札幌市]

明治期から昭和初期の建物が集まる野外博物館

道内の歴史を知るうえで、必見の場所。明治期から昭和初期にかけて建てられた北海道各地の建造物52棟を、移築復元・再現している。広い敷地内は「市街地群」「漁村群」「農村群」「山村群」の4つのエリアに分かれ、その中を馬車鉄道が運行する。建

村内は広いので時間のゆとりをとって見たい

物は西洋風や和風、和洋折衷式などさまざま。100年前にタイムスリップしたような感覚を覚える。無料のボランティアガイドツアーもあり、より深く知る機会も用意されている。

受付棟の横にある開拓の村食堂では、「屯田兵定食」(1,180円)や「やん衆定食」(900円)などの定食も味わえる。

旧小川家酪農畜舎はアメリカンな雰囲気

旧小樽新聞社は3階建の重厚な建物だ

Data
所札幌市厚別区厚別町小野幌50-1 ☎011-898-2692 営9時~17時(5月~9月、無休)、~16時30分(10月~4月、月曜定休)

15

豊平館 ほうへいかん[札幌市]

開拓使により明治天皇の行在所として建築された

開拓使直営のホテルとして、1880年（明治13年）に建った。現存する木造ホテルとしては国内最古の建物で国の重要文化財にも指定されている。当初は中央区北1条西1丁目にあったが、1958年（昭和33年）に現在の場所に移築された。

外観は白い外壁を鮮やかに縁どる碧いブルーが印象的。左右対称の建築美を見せ、開拓使の建物であることを示す五稜星が光る。館内は、客間など建設当時の姿に復原され、明治天皇が宿泊した部屋も再現されている。シャンデリアや天井部に施された漆喰の装飾など、細部にわたる建築美として圧倒される。

会食所ではオリジナルコーヒーも

天皇が使用された行啓関連資料の展示

広間で行われた舞踏会のようすがARで見られる

Data

所 札幌市中央区中島公園1-20
☎011-211-1951 営9時～17時（入館は16時30分まで）、第2火曜定休（祝休日の場合は直後の平日）と年末年始休み

北菓楼　札幌本館 きたかろう　さっぽろほんかん[札幌市]

歴史ある建物を利用したおいしい店舗

元の建物は1926年（大正15年）に行啓記念北海道庁立図書館として建てられ、道立美術館などを経て北海道立文書館別館としてその役割を担ってきた。2016年に砂川本社の菓子製造販売業·北菓楼が、世界的な建築家·安藤忠雄氏にリノベーションを依頼。店舗としてよみがえった。

1階では「北海道開拓おかき」といった名物の商品販売、2階にはカフェがあり、ランチやスイーツが味わえる。圧巻は、天井まである本棚。かつて図書館であった歴史を継承し、カフェ席の両側に6,000冊の本が並べられ

ていて、食事をしながらそれらの本を読むこともできる。威風堂々としたクラシカルな建物の中で、ゆったりとした時を過ごしてみたい。

カフェの本棚とピアノ

北菓楼自慢のオムライス（1,210円）

北1条通りに立つ店舗の外観

Data
所札幌市中央区北1条西5丁目1-2 ☎0800-500-0318 営10時〜18時

17

札幌市資料館 さっぽろししりょうかん [札幌市]

厳かな雰囲気を伝える法廷室

おおばさんの作品も販売される

▌大通公園の風景を締める 大正モダニズム建築

大通公園に隣接し、公園全体の風景をビシッと締めるように建つのは旧札幌控訴院である。1926年（大正15年）築。札幌軟石を使い、内部の回り階段やステ ンドグラスなど随所に大正モダニズムの息吹が感じられる。1階には刑事法廷展示室が見学でき、札幌出身の漫画家・デザイナーであるおおば比呂司さん（1921-1988年）の記念室もあり、作品などが展示される。ラウンジではドリンク類が味わえる。

Data
所 札幌市中央区大通西13丁目
☎ 011-251-0731 営 月曜定休（月曜が祝休日の場合は翌平日休館）、年末年始休館

旧永山武四郎邸／旧三菱鉱業寮 きゅうながやまたけしろうてい／きゅうみつびしこうぎょうりょう [札幌市]

手前が旧永山邸、奥の建物とつながっている

カフェ「ナガヤマレスト」も営業する

▌明治と昭和、二つの時代 を体感できる建物

明治前半期と昭和期の二つの建築様式の両方が共存するユニークな建物。旧永山武四郎邸は明治10年代前半、屯田事務局長時代の永山武四郎が私邸として建築した。その後1911年（明 治44年）、三菱合資会社が永山邸の土地・建物を買収、1937年（昭和12年）頃に三菱鉱業寮部分を増築した。そのような事情で二つの名前が付けられている。和洋折衷の建物は、建築的価値や生活文化を伝える遺構としても貴重な存在となっている。

Data
所 札幌市中央区北2条東6丁目
☎ 011-232-0450 営 9時〜22時、第2水曜定休（祝日の場合はその翌日）、年末年始休み

北海道立文学館 ほっかいどうりつぶんがくかん［札幌市］

中島公園にあって重厚な外観

談話コーナーは快適な空間

道内の文学に関する作家と作品を一堂に

中島公園の一角に位置し、道内の文学に関する資料を展示する。常設展示室では、アイヌ文化をはじめ、小説・評論、詩、短歌、俳句、川柳、児童文学といった分野の概要を紹介。作家の写真や代表的な作品など約1,300点を紹介、展示する。吹き抜けの開放感いっぱいの談話コーナーでは、テラス越しの風景を見ながらドリンクと軽食が楽しめる。

Data
所 札幌市中央区中島公園1番4号 ☎011-511-7655 営9時30分～17時（展示室入場は16時30分まで）、月曜休館（祝休日の場合は開館、翌平日が休館）、年末年始も休館

サッポロビール博物館 さっぽろびーるはくぶつかん［札幌市］

人気の有料試飲コーナー

星のマークが印象的な外観

明治期から続くビールの歴史を知り味わう

「男は黙ってサッポロビール」「乾杯をもっとおいしく!」などの宣伝コピーで知られるサッポロビールが運営する博物館。1876年（明治9年）の北海道開拓事業から受け継がれるサッポロビールの歴史を体感できる。レンガ造りの重厚感ある建物は、明治期の貴重な建造物として北海道遺産に指定。内部は無料で見学できるほか、事前予約で有料のプレミアムツアーも開催され人気が高い。博物館を見学した後は、隣接する「サッポロビール園」でジンギスカンもぜひ味わっていこう。

Data
所 札幌市東区北7条東9丁目1-1 ☎011-748-1876 営月曜定休（祝日の場合は翌日）、年末年始休み、臨時休館日あり

AOAO SAPPORO

あおあおさっぽろ[札幌市]

大人も楽しめる ビルの中の水族館

　約250種類の生物が観察できる都市型水族館。狸小路にできた複合施設「モユクサッポロ」の4階から6階の3フロアにある。チケットを購入し、エントランスを抜けると「水と生物のラボ」がある。ここはいわば水族館のバックヤードで、飼育スタッフの姿を間近で見ることができる。5階は大小さまざまな43の水槽が置かれ、頭を下に向けてゆっくり泳ぐ「ヘコアユ」などこれまで脇役だった魚や生物をじっくり観察できる。6階は一番人気のフロア。キタイワトビペンギンが、じっと休憩する姿や水中を泳ぎ回る様子をすぐ近くから観察することができる。「ブルールーム」と

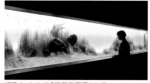

幅7メートルの「風薫る石景」水槽

「観察と発見の部屋」には本も展示

目の前を泳ぐペンギンもすぐそばに

「クジラタイム」はリアルなシャチも出現

バンバルもあってゆったり滞在できる

名付けられた一角には幅約20メートルの大型スクリーンにデジタルアートが映し出され、まるで海の中にいるような感覚になる。

クラゲがゆらゆら泳ぐ幻想的な水槽

おみやげ用のグッズも豊富に用意される

Data

所 札幌市中央区南2条西3丁目20番地　モユクサッポロ4階・6階 ☎011-212-1316 営10時〜22時（最終入館21時）、無休（臨時休館あり）

モユクサッポロ もゆくさっぽろ[札幌市]

新しい狸小路のシンボル的建物、複合商業施設

狸小路と札幌駅前通の交差点に2023年7月にオープンした複合施設。地下2階から地上7階までが商業施設。「AOAO」

地下街とも直結しているので便利

（20ページ）のほか、ショッピングやグルメが楽しめる30店舗ほどが入っている。商業施設の最上階である7階へは直通エレベーターがあり、「スカイガーデン」として通年で開放される。「SONYストア」や「LOFT」のほか、道産食材のセレクトショップ「きたキッチン」といった道民おなじみの店も入っている。なお、名前の「モユク」とはアイヌ語で、「タヌキ」の意味。狸小路の新名所を楽しみたい。

上層階は分譲マンションになっている

7階のガーデンから見た駅前通り

Data
所 札幌市中央区南2条西3丁目20番地 営 店舗により異なる

COCONO SUSUKINO ここのすすきの[札幌市]

ススキノの新たなランドマークとなる新複合商業施設

北日本屈指の繁華街すすきのの入り口にあたるこの地に建つビルは、「札幌松坂屋」「ヨークマツザカヤ」「ロビンソン百貨店札幌」「ススキノラフィラ」と、名前を変えてきた。2023年11月に地上18階、地下2階の新たな複合商業施設「ココノススキノ」が誕生した。『札幌の街に「あそびば」を〜昼も眠らない街ススキノへ〜』がコンセプト。物販・飲食・アミューズメントなど85店舗が入る。

地下2階はスーパーマーケット、地下1階から4階まではショッピングやグルメが味わえる。5階から7階までは最新鋭の設備を整えた複合映画施設「TOHOシネマズ すすきの」があり、7階から18階はホテルになっている。地下鉄駅直結のうえに、テラスもあり、待ち合わせ場所としても最適だ。

3階の屋内広場

TOHOシネマズのエントランス

薄野交差点を新しい角度で見られる

地下鉄から直結で待ち合わせスポットに

Data
所 札幌市中央区南4条西4丁目1番1 ☎011-596-0097 営 店舗により異なる

23

BiVi新さっぽろ　びびしんさっぽろ[札幌市]

■ 新札幌エリアに誕生した新しいショッピングセンター

2023年11月に新札幌地区に開業した商業施設。建物はJR新札幌駅と札幌市営地下鉄新さっぽろ駅に直結し、雨風を気にせず利用できる。見どころは2階フロア。イベントや休憩に利用できる「BiVi PARK」という吹き抜けの屋内公園だ。大きな観葉植物が置かれ、床には人工芝が敷かれる。天井に設置された幅16メートルの大型ビジョンでは、季節や時間帯に合わせた映像が映し出されている。屋内公園に隣接してフードゾーンがある。通路に各店の席がオープンになっているため小径歩きを楽しみながら、こだわりの味を選びたい。3階と4階には雑貨店や百均ショップ、各種専門店、1階はコープさっぽろとサンドラッグなどが入る。

新さっぽろ駅とダイレクトにつながる

フードゾーンは街歩きが楽しい

カフェ、洋食、中華、なんでもござれ

Data

所 札幌市厚別区厚別中央1条6丁目3番3号　☎011-807-0821　営 10時～23時（2階BiVi PARKの利用時間）、店舗の営業時間は施設により異なる

札幌市民交流プラザ
さっぽろしみんこうりゅうぷらざ[札幌市]

▌札幌の文化・芸術の拠点となる公共複合施設

　文化・芸術の拠点となる公共複合施設として、2018年にオープンした。1階には広いパブリックスペースがあり、さまざなイベントや展示に活用されている。「札幌市図書・情報館」は2フロアで展開され、約4万冊の図書と500種類の雑誌、90種類の新聞があり、ゆっくり読むことができる。

　2階にはボックス型の東屋席や、窓に向かってのカウンター席が用意され、誰でも自由に利用が可能だ。3階はクリエイティブスタジオ。4階から上は札幌文化芸術劇場（愛称ヒタル）として、オペラやバレエのほか、演歌やポップスなどさまざまなジャンルの公演が行われている。1階にはMORIHICO.のカフェ、2階には天井が高く開放感がある空間でフレンチをベースにした料理が楽しめるレストランがある。

誰でも気軽に利用ができる図書館

東屋席は誰でも自由に使える

Data
所 札幌市中央区北1条西1丁目
営 施設により異なる

開放感がある空間

JRタワー展望室T38 じぇいあーるたわーてんぼうしつ　たわー・すりーえいと[札幌市]

札幌の発着地点から東西南北の絶景を堪能する

JR札幌駅直結の「札幌ステラプレイス」6階に入り口があり、専用エレベーターで上がること約1分。38階に到達すると、200万都市札幌の北方面のパノラマが広がる。高さ160メートルから、奥行きの深い街並みと、遠く

ひときわ高いJRタワー

南側にはイスやテーブルが置かれる

には日本海も見える。展望フロアは東西南北の各方面がぐるりと見渡せるよう、回廊型になっている。人気は南面だろうか。街の中心部と藻岩山が望める。通路をはさんでカフェ店があり、ドリンクやランチ、夜はバーとしてアルコールも飲める。東面と西面には、眼下に鉄道路線が延びる。日中はもちろん、刻々と灯がともり、夜景となっていく時間帯は心震わす時間。空調が効いた屋内で、優雅な時間が過ごせる。

入り口となるチケット窓口

カフェのカウンター

Data
所 札幌市中央区北5条西2丁目5 ☎011-209-5500 営10時～22時(最終入場21時30分)、無休

藻岩山／札幌もいわ山ロープウェイ

もいわやま／さっぽろもいわやまろーぷうぇい［札幌市］

北の大都市札幌のきらめく夜景を堪能する場所

藻岩山の標高531メートルの山頂部分からは、200万人都市札幌を中心としたきらめく石狩平野を一望できる。車の場合は観光自動車道（有料・冬季は閉鎖）を上って中腹駅の駐車場へ。山頂展望台まではミニケーブルカーに乗るか、徒歩15分程度、600メートルほどの自然遊歩道を登る。

無難なのは山麓駅からロープウェイとミニケーブルカーを乗り継いで山頂まで行く方法。山麓駅には120台分の無料駐車場を備え、ここから山頂駅まで約15分で到達できる。山頂にはレストラン「ザ ジュエルズ」があり、きらきらと光る夜景を見ながらの食事が楽しめる。また、登山コースも5つある。人気の慈啓会病院前コースは距離約2.9キロ、1時間ちょっとで登れる。こ

夕刻からだんだんと変わる風景を楽しみたい

ちらはゆっくり自然を感じながら山頂を目指す。

こんなロケーションで食事ができる

Data

所 札幌市中央区伏見5丁目3番7号 ☎011-561-8177（札幌もいわ山ロープウェイ山麓事務所）営【ロープウェイ】10時30分〜22時（冬期は11時〜）、大人2,100円（展望台までの往復・ロープウェイ＋ミニケーブルカー）【藻岩山観光自動車道】夏期（4月中旬〜11月中旬予定）10時30分〜22時、乗用車1,200円

27

大通公園西12丁目サンクガーデンゾーン

おおどおりこうえんにし12ちょうめさんくがーでんぞーん [札幌市]

■ バラの香りが漂いアートと建築がハーモニーする

　札幌市民におなじみの大通公園。都心にあって緑のオアシスのようなグリーンベルトの最先端に、バラの名所がある。西12丁目は「サンクガーデン」と名付けられ、約60品種1,100株以上のバラが植えられている。6月中旬から10月まで、赤やピンク、黄色などの花が咲く。バラ園の中央にはカナールという水路が整備される。全長82メートルの中央に噴水があり、ガーデンに華を添える。

　西13丁目には1926年（大正15年）に建てられた旧札幌控訴院庁舎である「札幌市資料館」の建物が鎮座し、サンクガーデンの景観を締めている。その間には国内を代表する彫刻家・佐藤忠良のブロンズ作品「若い女の像」が凛として立つ。大通公園の12丁目はバラの香り漂う建築とアートと気品あふれる大人の空間なのだ。

若々しい裸婦像と歴史的建造物が映える

水場のタイルをバックに白いバラ

Data

所 札幌市中央区大通西12丁目 ☎011-251-0438（大通公園管理事務所）

モエレ沼公園 もえれぬまこうえん［札幌市］

アートであふれる大人も楽しい公園

彫刻家イサム・ノグチによる、公園全体が一つの彫刻作品として設計されたアートな公園。楽しみ方はいろいろだ。標高62メートルのモエレ山に登ると広い公園の全容がつかめる。公園のシンボル、ガラスのピラミッドにはギャラリーやショップがあり、フレンチレストランで食事もできる。

公園のシンボル、ガラスのピラミッド

直径48メートルの噴水池に最大25メートルまで水が噴き上がるショーのようなプログラム（1日2回〜4回）が人気の海の噴水はダイナミックな"水の彫刻"。夜はライトアップされる。春はサクラの森でお花見ができ、夏はモエレビーチで水遊びが楽しめ、冬はスノーシューや歩くスキーをレンタルできる。

全部で242段の階段

生命の誕生や宇宙を表現するショー

Data
所札幌市東区モエレ沼公園1-1
☎011-790-1231 営7時〜22時、無休（園内各施設は定休日あり）

道立自然公園　野幌森林公園

どうりつしぜんこうえん　のっぽろしんりんこうえん [江別市・札幌市・北広島市]

■ 野鳥が飛び交いトレイル道が伸びる大都市隣接の森

　札幌市・江別市・北広島市にまたがる道立自然公園。公園内に入るには5つの入口があり、それぞれに駐車場がある。森の中には遊歩道が整備され、歩く人・走る人・自転車に乗る人などさまざま。「桂コース」(1.7キロ)や「ふれあいコース」(1.5キロ)などと17のコースがあり、距離も明確に表示されているので迷うことはない。だが、森に入る前には詳細なコースマップがあるので入手しておきたい。

　園内にはキツツキやフクロウなど数多くの野鳥が生息していて、愛好家カメラマンがその姿を狙っている。文京台地区の先にある大沢口近くには「自然ふれあい交流館」があり、森の様子がチェックできる。立ち寄っていこう。

カツラの巨木も見られる

コース案内表示はしっかりしている

自然ふれあい交流館の内部

Data

所 札幌市厚別区厚別町小野幌ほか　☎011-386-5832(自然ふれあい交流館)　営 記念塔口のみ22時〜7時閉鎖

国営滝野すずらん丘陵公園 こくえいたきのすずらんきゅうりょうこうえん[札幌市]

▌四季を通じて何度も訪問したい国営公園

北海道で唯一の国営公園。400ヘクタールと広大な園内は大きく4つのゾーンに分かれている。道道341号真駒内御料札幌線に面した入り口近くにあるのは「渓流ゾーン」。ここのみ無料ゾーンで、アシリベツの滝など3つの滝が見学できる。「中心ゾーン」は公園のメインとも言える部分。25種の色鮮やかな花々が見られるカントリーガーデンが人気だ。東エリアの「滝野の森ゾーン」は森の散策が楽しい。森に親しむ遊具などが点在する。西エリアの「滝野の森ゾーン」には入口として森の情報館があり、自然博物館さながらの山野草や生き物を

2色のサルビアによる夏色ストライプガーデン

観察できるトレッキングが楽しめる。

春は、シラネアオイをはじめとした野草類の花が咲き、5月後半、約25万株ものチューリップが滝野の丘をレインボーに染める。スズランが可憐な姿を見せた後、夏にはサルビアのさわやかな景色になる。秋風が吹くころ、コスモスが丘をピンクに埋め尽くしたかと思えば、森は赤と黄色の紅葉を見せる。園内には2カ所のレストランと1カ所

秋にはピンクや赤、白のコスモスが咲く

の軽食コーナーがある。芝生でのピクニックも楽しい。

Data
所 札幌市南区滝野247（公園事務所）☎011-592-3333（滝野公園案内所）営9時～17時（時期により変動あり）、一般450円のほかに駐車料金普通車450円

前田森林公園 まえだしんりんこうえん［札幌市］

シンボルのカナールとポプラ並木

展望ラウンジの外観

▌カナールとポプラ並木が織りなす異国風景が魅力

全長600メートル、幅15メートル、水深0.3メートルのカナール（水路）がシンボル。両側には200本ほどのポプラ並木があり、カナール越しに手稲山が見える。

園内には西洋庭園コーナーがあり、フジの花が咲く大パーゴラは5月下旬から6月初旬にかけて紫色の花を咲かせる。花木園では、アジサイやコデマリなどが植えられ、夏から秋にかけて花が見られる。

Data
所札幌市手稲区手稲前田591番地4外 ☎011-681-3940

百合が原公園 ゆりがはらこうえん［札幌市］

ランドマークとなっているサイロ

リリートレイン乗り場とレストラン

▌ユリをメインに列車が走るフラワー公園

ユリをはじめとして、世界の庭園と温室を備える、花をテーマにした総合公園。観覧列車「リリートレイン」は園内の約1.2キロをゆっくりと12分かけて1周する。

毎年、4月中旬にモクレンが開花し、ユリの開花は6月～8月中旬。ダリアの咲く10月中旬まで、3,500種以上の草花や樹木が見られる。列車のホームに隣接してレストランも営業し、人気のゆり根を使ったメニューのほか、軽食のテイクアウト品も味わえる。

Data
所札幌市北区百合が原公園210番地 ☎011-772-4722（管理事務所）営施設により異なる

北海道大学イチョウ並木

ほっかいどうだいがくいちょうなみき[札幌市]

　北大のキャンパスの中にあって晩秋、黄金の輝きを放つ通り。北13条の西5丁目から7丁目にかけて、長さ380メートルの道路の両側に70本のイチョウが植えられる。例年10月下旬から11月上旬にかけて圧巻の黄葉を見せる。一般車両の入場は不可。公式ホームページで状況をチェックしてから見に行きたい。

Data
所札幌市北区北13条西5丁目～7丁目北大構内

平岡公園／梅林

ひらおかこうえん／ばいりん[札幌市]

　札幌市内の梅の名所。1,200本ほどのウメの木が植えられ、春、赤と白の可憐な花を見ることができる。5月上旬からの開花時期には10万人ほどの花見客がつめかける。開花期間中には売店が臨時出店し、梅ソフトクリームや梅林そばなどが販売され人気だ。

Data
所札幌市清田区平岡公園1番地1号☎011-881-7924 営季節により開園時間、開放エリアが異なるためHPなどで確認を

平岡樹芸センター

ひらおかじゅげいせんたー[札幌市]

　ノムラモミジの紅葉並木が有名な公園。10月中旬から11月上旬にかけて、並木道は赤く紅葉したモミジの見事なトンネルと、落ち葉のじゅうたんが現れる。園内には、池がある日本庭園や西洋庭園、ロックガーデンなどが整備される。春から秋へと、散策が楽しめる。

Data
所札幌市清田区平岡4条3丁目 ☎011-883-2891 営4月29日～11月3日（紅葉状況により延長）、8時45分～17時15分、月曜休園（月曜が祝日の場合は翌平日休園）【緑の相談】水曜と土曜10時～12時、13時～16時

石山緑地

いしやまりょくち[札幌市]

　開拓当時の石切り場の面影を残す場所として、札幌在住の造形集団「CINQ（サンク）」が手がけたアートな公園。札幌軟石として各種建築物に使われた石はここから採石されていて、その断面を見ることができる。「ネガティブマウンド」と呼ばれる場所は、ローマの遺跡のような雰囲気だ。

Data
所札幌市南区石山78 ☎011-578-3361（藻南公園管理事務所）

八剣山ワイナリー／八剣山キッチン＆マルシェ はっけんざんわいなリー／はっけんざんきっちん&まるしぇ[札幌市]

もとからあったワイナリーにはギャラリーも

豚丼定食

八剣山の麓においしい＆楽しいスポットが整備

剣が連なるように見えることから「八剣山」の呼び名で親しまれる。この山の麓でワインづくりが行われ、2020年には「八剣山キッチン＆マルシェ」がオープン。

翌年にはたき火ができるキャンプ場も整備され、地域の魅力を体感できる場になっている。

レストランが2024年2月にリニューアルオープンし、メニューが洋食から和食の定食メニューになった。地元食材を使った一汁三菜の定食が味わえる。

Data
所 札幌市南区砥山194-1 ☎ 011-596-5778 営9時〜16時(LO15時30分)、5月〜11月無休、12月〜4月木曜定休

定山渓ファーム じょうざんけいふぁーむ[札幌市]

一番奥のエリアにローズガーデンがある

小径歩きが楽しいメドウガーデン

果樹と花たちが共演するガーデンを散策したい

国道230号を中山峠方面へ、定山渓温泉を過ぎて豊平峡に向かう信号から左へ入り、細い道を5分ほど。初夏から秋にかけて果物狩りが楽しめるほか、果樹と花

が共演するオーチャードガーデンやバラが咲き誇るローズガーデン、りんご並木道に季節の草花が揺れるメドウガーデンなどがある。坂を登ってファーム内を一望できる場所には展望ハウスが建ち、「誓いの鐘トムテ」が鳴らせる。

Data
所 札幌市南区定山渓832 ☎ 011-598-4050 営9時〜17時(時期により変動あり)、水曜定休

八紘学園農産物直売所 はっこうがくえんのうさんぶつちょくばいじょ[札幌市]

店内は開店直後からにぎわう

自家生産牛による「ツキサップ牛乳」

▍学生たちが愛情いっぱいに育てた野菜が並ぶ

　北海道農業専門学校を運営する八紘学園敷地内にある直売所。広い駐車場と芝生広場があり、快適に買い物ができる。直売所は2棟あり、1棟は乳製品を販売、もう1棟は学園産、農協問わず青果を販売。実習畑では4.5ヘクタールの広さに30種類ほどの野菜を栽培。週3回、その日に収穫したものを学生が販売し、朝もぎとうもろこしや枝豆、ふじりんごが人気だ。

Data
所 札幌市豊平区月寒東2条13丁目1-12 ☎011-852-8081 営【夏期】4月下旬〜11月初旬、10時〜16時、木曜定休【冬期】11月中旬〜4月中旬、土・日・月のみ10時〜16時(ソフトクリームはお休み)

とれたてっこ南生産者直売所 とれたてっこみなみせいさんしゃちょくばいじょ[札幌市]

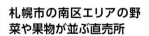

場所は国道230号沿い、JAさっぽろ南支店の隣

お昼ごろには品物がまばらになるほど人気

▍札幌市の南区エリアの野菜や果物が並ぶ直売所

　JAさっぽろが運営する直売所。札幌市南区で生産された農産物を中心に、山菜、花苗、加工品などが販売される。場所柄、果樹園からの季節のフルーツが彩りをそえる。人気は「札幌黄」という札幌由来のタマネギ。このタマネギを練りこんだラーメンも人気。支店ではないが、同様の直売所が篠路(3条10丁目)と厚別(中央5条3丁目)にも展開している。3店はそれぞれ地元の野菜を販売する。

Data
所 札幌市南区石山2条9丁目7番88号　JAさっぽろ南支店隣接 ☎011-592-6141 営【夏期】6月〜11月上旬、9時30分〜15時、日曜・祝日休み

札幌市場外市場 さっぽろしじょうがいしじょう［札幌市］

この店の一番人気は15種が入った海鮮丼

札幌中央卸売市場のすぐ近くにある商店街

全道各地から海の幸、山の幸が集まる札幌市中央卸売市場のすぐ近くにある商店街。150メートルに渡る桑園・発寒通とその周辺には海産物をメインとしたお店が連なり市場を形成している。

Aブロックの「札幌第一卸売市場」からIブロックの「北町ブロックB」まで、9つのブロックが通りに並ぶ。店の数は60軒ほど。早い店舗では朝6時から、鮮度抜群の厳選素材が並ぶ。加えて、この市場の食材を活かした寿司店や飲食店も点在している。

路地裏風の雰囲気のある通りもある

Data   MAP→P00 0-A
所 札幌市中央区北11条西21〜23丁目

さっぽろ青果館 さっぽろせいかかん［札幌市］

専用駐車場もあって便利

新鮮な野菜が多数、昔ながらの市場巡り

札幌市場外市場のすぐ近くにある市場。野菜や果物を販売する商店をメインに、鮮魚店、海鮮弁当店、寿司店など13軒が集っ

ている。利用者は地元の人が多い印象。スーパーマーケットなどでは見かけない珍しいものも並んでいる。お店の人に食べ頃の見極め方やおいしい食べ方を教えてもらいながら、新しい味覚を手に入れよう。

カラフルな野菜類が箱に並ぶ

Data
所 札幌市中央区北12条西23丁目2-7 営 5時〜15時 休 日曜・祝日と市場が指定の水曜は休み

札中卸センター さっちゅうおろしせんたー[札幌市]

普段、見慣れない商品がたくさんある

さっぽろ青果館と合わせて訪問したい

確かな商品が並ぶ実力ある老舗店が入る市場

　老舗商店全16店舗が並ぶ市場。一丸越後屋商店は新潟から移転し、漬物問屋として創業。以来、90年あまりの歴史を誇り、厳選した漬物・佃煮・味噌・醤油・調味料などを販売。大金畜産は1917年(大正6年)創業。一世紀を超えて安心と安全な食肉を販売する。しの崎のかまぼこは創業60年あまり。北海道近海で獲れたスケソウダラを中心に新鮮な食材を昔ながらの製法で提供している。

Data
所札幌市中央区北12条西23丁目 ☎011-621-5947 営店舗により異なる

北海道コカ・コーラ工場見学 ほっかいどうこか・こーらこうじょうけんがく[札幌市]

スタートは約8分間の案内映像から

懐かしい自販機や奥の小窓から倉庫も

コカ・コーラの製造現場を知る

　みんな大好きなコカ・コーラ。コカ・コーラだけでなく、お茶の「綾鷹」や、天然水の「い・ろ・は・す」も北海道コカ・コーラ社が製造している。道内では40のブランドが販売されていて、全道で販売される製品の約9割が清田にある札幌工場で製造されている。予約希望日の3営業日前までの事前予約が必要だが、工場の見学もできる。1時間ほどで、工場で作られるコカ・コーラ製品のほか、ペットボトルのリサイクルに関することなど環境に関する取り組みも学べる。

Data
所札幌市清田区清田1条1丁目2番1号 ☎011-888-2100 営月〜金曜日(土日祝日は除く)、10:00〜、13:30〜、15:00〜

札幌市天文台
さっぽろしてんもんだい[札幌市]

開閉式で回転するドームの下に口径20センチの望遠鏡が1台の自称「日本一小さな公立天文台」。元は1958年(昭和33年)に開かれた「北海道大博覧会」のパビリオンだった。昼は太陽や昼間に見える星を、夜は月や火星、季節の星座を観察できる。事前予約は不要、直接天文台へ。

Data
所札幌市中央区中島公園1-17 ☎011-511-9624 営昼間(10時～12時、14時～16時、月曜・火曜午後と祝翌日、年末年始休み)、20時～22時(4月～9月)、19時～21時(10月と3月)、18時～20時(11月～2月)

ドリーバーデン／旧小熊邸
どりーばーでん／きゅうおぐまてい[札幌市]

北海道を代表する建築家田上義也が設計し、1927年(昭和2年)に北海道帝国大学の小熊捍教授邸として建った。その後藻岩山ロープウェイ山麓駅近くに移築、内部の装飾などが復元された。現在はフィッシングショップとして営業。用品コーナーとカフェスペースがあり、一般にも公開している。

Data
所札幌市中央区伏見5丁目3-1 ☎011-213-1235 営カフェは11時～20時、木曜定休

麺屋彩未
めんやさいみ[札幌市]

いつも行列が絶えないラーメン店。道内のラーメン雑誌人気投票では「殿堂入り店」として紹介される。札幌の名店「すみれ」出身の店主・奥雅彦さんらスタッフの丁寧で実直な仕事ぶりがその味に反映されている。一番人気は味噌味。チャーシューの上にのるおろしショウガは創業時からのアクセントだ。

Data
所札幌市豊平区美園10条5-3-12 ☎011-820-6511 営【火・水・木曜】11時～15時15分【金～日曜】11時～15時15分、17時～19時30分、月曜定休(祝日の場合も休み)他、月2日不定休あり

麺屋彩未

インディアン水車／サケのふるさと千歳水族館 いんでぃあんすいしゃ／さけのふるさとちとせすいぞくかん [千歳市]

■ そ上してきたサケを捕獲する様子を見学

千歳市内にある道の駅「サーモンパーク千歳」の横には、支笏湖から流れ出て石狩川と合流し、日本海へと注ぐ千歳川が流れている。「サケのふるさと千歳水族館」の脇を通る千歳川に設置されるのが、インディアン水車だ。例年7月中旬ごろから設置され、この川をそ上するサケを捕獲。12月中旬まで捕獲が続けられている。水車で捕獲されたサケはオスメスが選別され、トラックに積み込まれる。バタバタバタとサケが飛び跳ねる音や姿は迫力いっぱい。ちなみにこの捕獲は増殖のために行われている。観光目的ではないので、必ず見られるとは限らない。

水族館には淡水魚の大水槽もある

ここではぜひ水族館にも寄っていきたい。「水中観察ゾーン」には、現在の千歳川の水中を見られる窓がある。捕獲前のサケの様子が手にとるようにわかる驚きの窓だ。

秋サケの親魚を捕獲する日本海さけ・ます増殖事業協会の職員ら

Data

所 千歳市花園2丁目（道の駅サーモンパーク千歳に隣接） ☎ サケのふるさと千歳水族館については0123-42-3001 営 稼動は24時間※水揚げ作業は随時

新千歳空港ターミナルビル

しんちとせくうこうたーみなるびる「千歳市」

■ そのためだけにでも行きたいワンダーランド

1日平均6万人ほどが行き交い、国内屈指の旅客数を誇る新千歳空港。これだけの人々を朝から晩まで満足させるターミナルビルは、飛行機の利用者だけのものではない。180店舗ほどが集まる商業施設は、「そのためだけに」行ってみても十分楽しめる。ぐるっと、見どころ、味わ

いどころ、買い物どころをピックアップしていこう。

国内線ターミナルビルの2階、出発ロビーに隣接するのは「ショッピング・ワールド」。「どさ

海のもの、畑のものがそろう産直市場

んこ産直市場」には道内各地からの海産物店が並び、寿司店には行列もできている。「スイーツ・アベニュー」には甘い香りがどこからともなく漂う。酪農王国

各地のワインとチーズが並ぶ北海道興農社

ウィンドウ見学できるロイズの製造コーナー

懐かしい歴代の制服が並ぶコーナー

行き交う飛行機を見ているだけでも旅行気分

滑走路を眺めながら食事ができる巨大なフードコートはいつも人で賑わっている。

　お腹が満たされたら、国内線と国際線の連絡通路にある「スマイル・ロード」を歩いてみよう。ロイズチョコレートワールドはまるでテーマパークのようでもある。時間があれば、国内線4階の「オアシス・パーク」に足を延ばしたい。比較的落ち着いたフロアには、天然温泉とサウナを備える新千歳空港温泉と新千歳空港シアターがある。

　ほかにも、「大空ミュージアム」「エアポートヒストリーミュージアム」といった展示コレクションコーナーも見どころ満載。もちろん、ただボーッと飛行機が離発着する様子を眺めているだけでも、旅気分にひたれる。空港ターミナルはいつ行っても、何度行っても新鮮な発見があるワンダーランドなのだ。

ソフトクリームが人気のスイーツ・アベニュー

北海道の乳製品が味わえる。3階は「グルメ・ワールド」。「北海道ラーメン道場」では10軒からの自慢の1杯が選べる。「市電通り食堂街」では寿司や海鮮を提供する店が並ぶ。

Data
所 千歳市美々987-22　☎0123-23-0111（空港総合案内）営5時～23時30分（新千歳空港ターミナルビル）

支笏湖

しこつこ［千歳市］

支笏湖ブルーをボートや カヌーなどでも楽しめる

支笏湖の周囲は約40キロ。水中の栄養分が少なく、プランクトンの発生も少ないことから透明度は非常に高く、環境省の調査によると、水質は2017年度まで11年連続日本一だった。湖畔には飲食店やみやげもの店が立ち並び、名物のヒメマス料理やテイクアウト軽食が販売されている。桟橋からは水中観光船やスワンボートなどが利用でき、湖上から支笏湖を楽しめる。近年人気なのは、アクティビティだ。カナディアンカヌー、クリアカヤック、スタンドアップパドル（SUP）など水上ガイドツアーが盛ん。事前予約が必要だが、2

湖のシンボルでもある「山線鉄橋」

〜3時間で支笏湖ブルーを堪能できるプログラムが多数開催されている。

支笏湖ブルーを感じる千歳川の流れ

樽前山 たるまえさん［苫小牧市／千歳市］

気軽に登れて支笏湖などの大パノラマを展望できる

道央圏で最も人気の山のひとつ。初心者でも登れて支笏湖や日高山脈、太平洋などの大展望が得られる。

支笏湖のモラップ付近から道道141号に入り、5合目分岐点から砂利道を進む。やがてトイレや山小屋がある7合目となる駐車場に到着する。準備を整え、階段状の登山道を登る。少し歩けば、支笏湖が眼下に見える展望広場がある。花の季節には足元に小さくかわいらしい高山植物があちこちに見られる。山復を斜上するコースの斜度がゆるくなるころ、外輪山に到着する。目の前に迫る、噴煙をあげる溶岩ドームに驚きだ。右側の砂礫を登れば東山（1,022メートル）の山頂に到着。1時間ほどで、雄大なパノラマ風景が楽しめる。

東山の山頂付近

Data
所苫小牧市樽前
☎0144-32-6448（苫小牧市産業経済部産業振興室観光振興課）

43

支笏湖ビジターセンター しこつこびじたーせんたー［千歳市］

三角屋根が美しい外観

ヒメマスが泳ぐ水槽がある

「苔の洞門」の実物大パネル

■ 支笏湖の自然や成り立ちを深く知るための必見施設

支笏湖を散策する際は、ぜひ立ち寄りたい。支笏湖周辺の自然に関する最新情報が毎日掲示されている。館内は支笏湖の成り立ちなどを、立体模型などを使ってわかりやすく伝えている。森の世界・山の世界・湖の世界に、自然と人々との関わりが紹介される。入口にはヒメマス水槽が置かれ、奥にはラウンジもあって快適だ。

Data
所千歳市支笏湖温泉 ☎0123-25-2404 営9時～17時30分（季節により異なる）、12月～3月は火曜休館（祝日の場合は翌日）、年末年始も休館

MEON農苑／ミオンエシカルキッチン&カフェ みおんのうえん／みおんえしかるきっちん&かふぇ［千歳市］

フラムクーヘン料理

パンとサラダが付くココット

■ 美しいガーデンを見ながら欧州料理を味わう

門柱をくぐれば、季節ごとに咲き誇る草花が迎え入れる。ナチュラルガーデンを愛でながらいただくランチは、ココット料理とフラムクーヘン料理が選べる。耐熱性の容器に入るココット料理は、ポトフやラザニアなど。フラムクーヘン料理は、フランス・アルザス地方の郷土料理のことで、薄いパン生地にトッピングメニューをのせて薪のオーブンで一気に焼き上げるもの。「たまねぎとベーコン」「スモークサーモンとチャイブ」などが味わえる。

Data
所千歳市蘭越1625-6 ☎0123-26-2007 営【3月～10月】10時30分～18時【11月～2月】10時30分～17時※L.Oは30分前、定休は木曜と第2・4水曜※祝日の場合は営業

ザ バードウォッチングカフェ ざ ばーどうぉっちんぐかふぇ［千歳市］

嶋田忠氏のギャラリー写真は一級品だ

キツツキやシマエナガもくる

■ 野鳥写真家のギャラリーを併設、野鳥好きのためのカフェ

その名のとおり、野鳥観察が楽しめるカフェ。店外に設置された巣箱が正面に見えるカウンター席があり、店の奥には予約制の野鳥撮影用のスペースもある。店内には世界的な野鳥写真家として知られる嶋田忠氏のギャラリーが併設される。大迫力の写真に感動まちがいなし。

Data
所 千歳市蘭越90-26 ☎0123-29-3410 営10時〜17時（L.O.16時30分）、火曜休み

ふれあいファーム いずみ ふれあいふぁーむいずみ［千歳市］

季節の野菜が並ぶ店内

そば店の店内は意外に広い

広い駐車場がある

■ 素朴で人気のそば店が入る近隣農家の直売所

千歳市の 泉郷地区の農家10軒ほどが集まった共同の直売所。素朴な売り場に季節の野菜が並ぶ。店内の奥には「千年そば処いずみ」があり、岩本農場の自家栽培・自家製粉による手打ちそばが味わえる。店舗の隣の畑では、6月中旬からはイチゴ狩りもできる。

Data
所 千歳市泉郷707-1 ☎0123-29-2177 営4月下旬〜11月中旬、9時30分〜16時（11月中旬〜11月下旬は15時まで）、火曜休み（祝日は営業）

花茶
かちゃ[千歳市]

アイスクリーム店と農園レストランを楽しめ、イチゴ狩りができる人気のお店。小栗農場が営む。お昼時はぜひ、ピッツァをオーダーしよう。イタリア・ナポリから購入した石窯で、自家栽培の野菜を使って焼いたひと皿が堪能できる。

Data
所千歳市泉郷480-11 ☎0123-29-2888 営【アイスクリーム】(夏期) 10時 ～18時、(冬季) 10時～17時【レストラン】11時～16時、不定休 ※冬季休業

駒そば亭
こまそばてい[千歳市]

新千歳空港近く、千歳市駒里農業協同組合が直営するそば店。使っているソバは100%千歳市の駒里地区産のもの。その日に使う分だけ、毎日店内で製粉し麺打ちする。広い駐車場と、店内は60の座敷席と50のイス席があり、ゆったりとくつろげる。

Data
所千歳市柏台南1丁目5-2 ☎0123-40-8816 営11時～17時(土・日・祝日は～20時、月曜定休)、正月3が日休み

みなみ農園
みなみのうえん[千歳市]

通称「ハーベストルート」と呼ばれる国道337号沿いに面したこぢんまりとしたお店。季節の野菜や花がカゴに入って販売される。

Data
所千歳市中央539-7 ☎0123-29-2165 営9時～17時、定休なし、冬季休暇あり

小川農場
おがわのうじょう[千歳市]

5月初旬からは摘みたてイチゴを使ったスイーツやパフェなどを提供。6月にはイチゴ狩り体験。7月下旬からは広い畑で「ひまわり迷路」が実施される農場。広くはないが直売所もあり。大きな看板が目印だ。

Data
所千歳市根志越296-1 ☎0123-26-4874 営季節により営業時間、定休日が異なる

オコタンペ湖

おこたんぺこ[千歳市]

道内にある「三大秘湖」のひとつ。「この先行き止まり」となる道道78号沿いから見下ろすかたちで、湖面の一部が見える。湖への遊歩道などは整備されておらず、近づくことはできない。湖は晴れていればコバルトブルーに輝き、秋には紅葉を映し出す。通行止めになることも多く、事前に道路情報の確認が必要。

Data
所 千歳市奥潭
☎ 0123-25-2404（支笏湖ビジターセンター）

エーデルワイスファーム

えーでるわいすふぁーむ[北広島市]

数々の受賞歴があるこだわりのベーコンなどが販売される、工房直売店。ドイツの古典的製法をベースに、マイナス2℃で4週間ほど漬け込む氷温熟成を組み合わせ、とろけるような食感をつくり出す。

Data
所 北広島市輪厚531-7 ☎ 011-887-6985
営 10時〜17時（季節により異なる）

北海道ロコファームビレッジ

ほっかいどうろこふぁーむびれっじ[北広島市]

新鮮な野菜が並ぶ

北エントランスから館内に入ってすぐ左側が店舗

▌道内の生産者から集まる食のテーマパークに迷い込む

「三井アウトレットパーク 札幌北広島」の1階北側にあって、いつも賑わっている。約5,000種類のアイテムが並ぶ。店内入ってすぐは農産物直売所。道央圏の農家から届く野菜や果物が置かれる。小樽港直送「飯坂冨士商店」では、魚介類などを販売。お酒コーナーでは、道内各地のクラフトビールや日本酒が並ぶ。チーズや加工品など普段、見慣れないパッケージがずらりと。掘り出しものを探しに、迷い込もう。

Data
所 北広島市大曲幸町3-7-6 ☎ 011-377-2437 営 10時〜20時

ホクレンくるの杜 農畜産物直売所

ほくれんくるのもりのうちくさんぶつちょくばいじょ[北広島市]

サイロのモニュメントがある店舗

ブランド豚肉など多品種が並ぶ

▌ホクレンが全道各地の産品を選りすぐって集めた直売所

ホクレン農業協同組合連合会が運営する直売所。野菜や果物は、近郊のJAのほか全道から生産者が手塩にかけた野菜が届く。精肉はすべて北海道産。道内各地のブランド牛肉が集まり、牛肉は内蔵系など普段あまり見ない部位のものもある。お酒コーナーも充実していて、こちらも全道各地から日本酒やワイン、焼酎などが並ぶ。

Data
所 北広島市大曲377-1
☎011-377-8700 営 10時〜17時

ホクレンくるの杜 農村レストラン

ほくれんくるのもりのうそんれすとらん[北広島市]

女性スタッフが調理するコーナーもあり

明るく開放的な店内、150席がある

▌季節ごとの道産食材を素朴な家庭料理で味わう

くるの杜の敷地内にあって、直売所から少し奥に進んだ第2駐車場の前にあるレストラン。高い天井の広い空間の中、庭園に面した窓から陽光さし込む明るいテーブル席。メニューはビュッフェ方式の家庭料理が中心だ。カラフルなやサラダコーナー、スタッフが目の前で調理し提供される惣菜コーナー、「ごはんのおとも」コーナーなどがある。

Data
所 北広島市大曲377-1
☎011-377-8886（レストラン予約）営 11時〜15時30分（受付時間10時〜14時20分）

北広島農産物直売所

きたひろしまのうさんぶつちょくばいじょ[北広島市]

まちの中心部にあり近隣野菜が集まる直売所

　北広島市の中心部にありながら、道道46号・江別恵庭線に面していないことから、場所は少々わかりにくいかもしれない。店舗は、砂利が敷かれた大きな駐車場の奥にある。倉庫を利用したものだ。入るとすぐのところには、取材時は北広島特産のイチゴ「けんたろう」が並んでいた。隣には朝採りのブロッコリー、サニーレタス、リーフレタス類が置かれ、すべて北広島産だ。

　江別市や恵庭市など近郊から入荷の加工品のほか、JA道央産ゆめちから小麦ブレンド粉使用の「生そうめん」（200円）はオリジナルの加工品。お米も「三戸さんちのふっくりんこ」などが積まれている。

　春から初夏にかけては店の外に、花や野菜の苗が並べられている。北広島の新鮮な農産物も手に入る。

店舗外観。ビニールハウス部分は花き類

Data
所 北広島市中央1丁目4-4 ☎011-372-3078 営4月13日～11月下旬ごろ、9時～16時、無休

恵庭農畜産物直売所かのな

えにわのうちくさんぶつちょくばいじょかのな[恵庭市]

道の駅の横にある店舗

加工食品もずらりと並ぶ

恵庭市内の生産者たちの野菜や花類が並ぶ

　恵庭の道と川の駅「花ロードえにわ」の敷地内にある直売所。2020年4月に場所を少し移動し、若干広くなってリニューアルした。店内では恵庭市内を中心とした約70軒の生産者が育てた野菜や山菜、花など500品目を販売する。店内調理の惣菜コーナーもあり人気。冬季間も営業し、ハウス野菜を中心に地元野菜を届けている。

Data
所 恵庭市南島松817-18 ☎0123-36-2700 営9時～17時（季節により異なる）

北海道ボールパークFビレッジ ほっかいどうぼーるぱーくえふびれっじ[北広島市]

■ 野球観戦以外でも存分に楽しめる

北海道日本ハムファイターズの新球場「エスコンフィールドHOKKAIDO」を中核とした北海道ボールパークFビレッジは野球の試合のない日も楽しめる。試合のない日は、外野エリアに無料で入場することができ、

目の前に圧倒的な大空間が広がる。飲食店で購入した料理とクラフトビールを片手に、スタジアムの席に座るだけでもワクワクだ。フィールドを囲むようにグッズショップや遊び場、ガーデンなどがあるので散策してみよう。

ファイターズガールがスタジアムを案内してくれる有料の「スタジアムツアー」ではグラウンドやダッグアウト(ベンチ)、ロッカールームなど普段は立ち入ることができないエリアも見学できる。なお、施設内は現金が使えない完全キャッシュレス決済なので、クレジットカードなどの用意が必要。

人気の撮影ポイントは人だかり

クラフトビールの販売カウンター

日本ハムグループが営業する

Data
所 北広島市Fビレッジ1番地
営 施設により異なる

花の拠点はなふる　はなのきょてんはなふる[恵庭市]

ガーデニングのまちを堪能する恵庭の拠点スポット

花のまち・恵庭市のシンボル的な拠点施設。従来からあった道と川の駅「花ロードえにわ」と農畜産物直売所「かのな」に加えて、7つのテーマガーデンなどが加わり、ガーデニングをテーマにした総合公園のような場所

花に囲まれて散策できる

になっている。ガーデンエリアは北海道を代表する11人のガーデナーが設計。ハーブが植えられたキッチンガーデンなどがあり、散策ができる。子どもたちを屋内で遊ばせることができる「りりあ」や、キャン

ピクニックシートを広げても楽しめる

ピングカーなどの車中泊ができるRVパークも整備されている。2021年12月にはスターバックスコーヒーもオープン。一層人気が高まりそうだ。

「えこりん村」がつくるキッチンガーデン

Data
所 恵庭市南島松828-3　☎0123-29-6721（総合案内所）営 営業時間、定休日は各施設による

えこりん村 えこりんむら[恵庭市]

英国式ガーデンを散策、ヒツジやアルパカなども

有料エリアの「銀河庭園&みどりの牧場」と、無料で利用できるガーデニングショップやウェルカムセンターのほか、2軒のレストランがあるエコロジーテーマガーデン。ハンバーグレストラン「びっくりドンキー」を展開する株式会社アレフが運営する。

銀河庭園は10ヘクタールの敷地に1,000種類の植物が植

季節の花々が咲く銀河庭園

牧羊犬ショーはベンチに座って楽しめる

えられ、いくつものテーマからなる英国式のガーデン。春から秋にかけて季節の花々が咲く。みどりの牧場では、アルパカやラマ、ミニチュアホースなどが飼育され見学できる。人気は1日3回開催される「牧羊犬ショー」。牧羊犬がヒツジたちを上手に移動させる動きは見ていてあっぱれ。トラクターバスに乗って銀河庭園を巡るツアーも楽しい。ぜひ乗ってみよう。

自慢のハンバーグが味わえる

Data
所 恵庭市牧場277-4 ☎0123-34-7800(9時30分～17時) 営 営業時間・期間は施設や季節により異なる

江別市セラミックアートセンター えべつしせらみっくあーとせんたー[江別市]

れんがとやきものをテーマにしたアート施設

江別市は明治時代から野幌粘土を使った窯業が盛んで、野幌周辺は北海道最大のレンガ生産地となった。

こちらは「れんがとやきもの」をテーマに北海道の窯業と作品を紹介する文化施設になっている。常設展示として、道内で活躍中の作家作品が展示される「北のやきもの展示室」と、北海道のれんが産業の歴史が学べる「れんが資料展示室」がある。アート感あふれるロビーを挟んで反対側には、「レンタル工房」「教室工房」があり、陶芸教室や体験会が開催されている。2階には陶芸をはじめ、建築やアートに関する図書室があって自由に使える。

工房では自分の作品がつくれる

実際のれんがが展示される資料室

塔が印象的なアートな外観

Data
所 江別市西野幌114番地5 ☎ 011-385-1004 営 施設により異なる（HP参照）

53

江別ĒBRI
えべつえぶり[江別市]

江別のシンボルを再活用したレンガの商業施設

レンガのまち江別で赤レンガを生産していた旧ヒダ工場の建物を再利用した商業施設。1951年(昭和26年)に建てられ、長い煙突がシンボルの建物。名称は「エベツ」と、レンガの英語名「ブリック」の造語。館内は飲食店と物販店など9店舗が

ノッポロコーヒー店

江別の物産も購入できる

入る。

黒板に描いたチョークアートが時々更新される場所にあるのは「江別アンテナショップGET'S」。地元江別の加工品をはじめ、姉妹都市であるアメリカオレゴン州グレシャム市と、友好都市・高知県土佐市の特産品を販売する。その隣は「おいで屋／えぶ

り市場」。農産物は江別のものを中心に近隣の生産者からの野菜や加工品が並ぶ。オープンカフェの雰囲気でくつろげるのは「NOPPOROCOFFEE」。自家焙煎の豆を挽き丁寧にドリップした一杯が味わえる。

Data

所 江別市東野幌町3-3 ☎011-398-9570(EBRI運営室/10時〜18時) 営10時〜20時(テナントにより異なる)、年末年始休業

商業施設としてよみがえった建物

のっぽろ野菜直売所／ゆめちからテラス

のっぽろやさいちょくばいじょ／ゆめちからてらす [江別市]

江別と野幌の野菜が集まり、人気のパン店も入る

江別・野幌地区の生産者130軒ほどから届く新鮮な野菜が売られる。グリーンアスパラ、トウモロコシ、トマト、ジャガイモ、ナス、キュウリなど。なかでもブロッコリーは目玉。江別市はブロッコリーの生産量が全道一だ。朝採りのものがたくさん並

江別の加工品がずらりと並ぶコーナー

道道46号江別恵庭線に面して立つ店舗

ぶ。加工品コーナーでは、地元のチーズやバター、地元小麦を使った生パスタなどが販売される。普段、なかなか見かけない品々に驚きと発見がある。レジも4台ほどあり、ちょっとしたスーパーマーケットのよう。建物は「ゆめ

ちからテラス」と名付けられ、建物中央部分には、ソフトクリームなどを提供するテイクアウト店とイートインスペースがある。その隣には敷島製パン／パスコが運営する「夢パン工房」が入る。石窯が置かれる店内はいい香りがただよい、次々と焼きたてパンが提供される。

パン工房には月替わりの新商品が多数

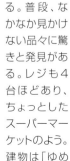

Data
所 江別市西野幌107-1 ☎011-382-8319 営4月中旬～11月下旬、9時～16時

55

江別河川防災ステーション

えべつかせんぼうさいすてーしょん[江別市]

道央

道南

道北

オホーツク

釧路・根室

十勝

■ 蒸気船レプリカが展示され江別の特産品が買える

「江別の特産品」と書かれた大きな看板があることと、その立地、建物の形態から道の駅のような施設。しかし本来は、水防資器材の備蓄、水防活動の拠点基地や災害時の避難場所として機能する公共施設だ。

館内1階は広いインフォメーションホールがあり、その奥に売

2階の休憩コーナーは飲食可能

店スペースがある。売店には地元江別の物産にポップがにぎやかに付けられている。2階は展示室と休憩コーナー。吹き抜け部分には、1935年(昭和10年)まですぐそばの石狩川を航行し、漫画「ゴールデンカムイ」にも登場した蒸気船「上川丸」のレプリカが実物大で展示されている。江別港があったというこの付近の川と町並みを復元したジオラ

マは見応えがある。ガラス張りの休憩室は飲食店「江別ホルモン食堂」が営業し、肉料理を中心とした定食のメニューが充実。屋上には展望デッキが設置され、石狩川や江別市街地を眺められる。

国道12号に面したガラス張りの外観

Data
所 江別市大川通6 ☎011-381-9177 🕐9時〜18時30分、月曜休館(祝日の場合はその翌日)・年末年始も休館

野菜の駅ふれあいファームしのつ やさいのえきふれあいふぁーむしのつ[江別市]

江別の大地をイメージしたロゴが目印

町村農場のソフトクリームが味わえる

■ 元からあった2つの直売所を統合して運営する

国道275号、江別市の角山地区から新石狩大橋をわたってすぐ。赤い倉庫のような建物が店舗だ。20年以上にわたって運営してきた篠津地区の2つの直売所を統合して2017年、開設した。店内には地元の農家からの新鮮野菜と加工品が置かれる。スイーツスタンド「葉らっぱ」では町村農場のソフトクリームが販売される。ぜひ味わっていこう。

Data
所江別市篠津262 ☎011-389-6626 営5月中旬〜11月中旬、8時30分〜17時

江別河川防災ステーション農産物直売所 えべつかせんぼうさいすてーしょんのうさんぶつちょくばいじょ[江別市]

線路沿いに立つプレハブの外観

店内は広く黄色いケースに野菜が並ぶ

■ 地元生産者が運営する地元市民に人気の直売所

その名のとおり、国道12号石狩川沿いにある道の駅のような施設の隣に立地する直売所。地元生産者が運営する。プレハブ風の簡素な外観とは裏腹に、店内には付近の農家から集まる新鮮野菜や江別の農産物を使った加工品などが所せましと並ぶ。春先には花苗なども販売される。午前中早めに行って品物を選ぼう。

Data
所江別市大川通70-2 ☎011-381-1700 営4月15日〜11月中旬、9時〜16時30分

太田ファーム
おおたふぁーむ[江別市]

　養鶏一筋、江別の地で50年以上の歴史を有する養鶏場の直売店。与えるエサによって食味が異なるタマゴや、タマゴかけご飯にぴったりの醤油などが販売されている。営業時間外は店舗隣接の24時間対応の自動販売機で購入も可能だ。
　新鮮なタマゴをいつでも味わいたい。

Data
所江別市角山189番地 ☎011-383-8245 営【対面販売は8時〜17時、自動販売機は年中無休24時間営業

コロポックル山荘
ころぽっくるさんそう[江別市]

　野幌森林公園の中に、ぽつんと1軒、そば店がある。三角屋根の古民家を改装した店は、落ち着いた空間でリラックスできる。一番人気は「杜の天ぷらセット」（1,200円）。店内の黒板に書かれた「本日の天ぷら」7種類が添えられる。なお、12月〜3月までの冬季は閉鎖される。

Data
所江別市西野幌927番地 ☎090-3892-8281 営4月〜12月上旬のみ営業、11時〜14時(LO)、月曜定休(祝日の場合は営業)

町村農場ミルクガーデン
まちむらのうじょうみるくがーでん[江別市]

　創業は1917年（大正6年）。100年以上の歴史を誇る農場の直営店。360頭近く飼育される牛から搾られたミルクを原料に、ソフトクリームをはじめとした乳製品を販売する。牛舎型の店舗とサイロがいい雰囲気のスポットだ。2階はイートインスペースになっている。

Data
所江別市篠津183 ☎011-375-1920 営9時30分〜17時30分(11月〜3月は10時〜17時)、12月〜3月は毎週火曜定休

小林牧場おかしなソフトクリーム工房
こばやしぼくじょうおかしなそふとくりーむこうぼう[江別市]

　道道江別恵庭線沿い、2021年4月にオープンした。小林牧場から直送される新鮮な牛乳でつくったソフトクリームが味わえる。牛乳ソフトと口当たりさわやかなヨーグルトソフトの2種類があって、店内外で楽しめる。

Data
所江別市西野幌423-18 ☎011-398-7172 営【4月中旬〜10月中旬】10時〜17時※土日祝日は〜18時、無休【10月中旬〜4月中旬】10時〜16時、水曜と年末年始休み

ふたりのマルシェ／アンビシャスファーム
ふたりのまるしぇ／あんびしゃすふぁーむ[江別市]

豊幌地区の農場が開催する週末1日のみの移動販売。少量多品種生産による、おしゃれで珍しい野菜が並ぶ。「たべる人(あなた)」と「つくる人(わたし)」をコンセプトに野菜の特長や食べ方、想いを伝えている。

Data
所(出店場所)江別市野幌住吉町25-48 ☎011-555-4210(AmbitiousFarm) 営5月～10月、土曜9時～12時

ファームレストラン食祭
ふぁーむれすとらんしょくさい[江別市]

「農業法人風の村」を率い陶芸家でもある金井正治さんらが運営する店。野菜を中心とした「畑のランチセット」などを提供。器にもこだわりがあり、店先では小さなコーナーながら野菜の販売も行う。

Data
所江別市元野幌919 ☎011-802-6688 営11時～16時、水曜定休、年末年始も休み

ホクレンパールライス工場見学
ほくれんぱーるらいすこうじょうけんがく[石狩市]

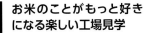

説明用パネルは楽しく充実

包装ロボットが活躍する工程

■ お米のことがもっと好きになる楽しい工場見学

普段食べているお米が、どのように製造されているのか。お米が食卓に届くまでを学び、歴史や精米工程を見て知り、品質管理とはどのようなものかを聞いて学ぶことができる。石狩湾新港地区に

ある大きな工場は「ファンファクトリー」と名付けられ、楽しく、わかりやすい見学用のコースが用意されている。専用のホールで15分の動画を見た後、精米精選や包装・出荷といった工程を歩きながら見学する。楽しく、あっという間の60分だ。

Data
所石狩市新港西2丁目792番地 ☎0133-76-2777 営10時～、13時30分～、月曜～金曜(祝日除く)

いしかり湾漁協「朝市」
いしかりわんぎょきょうあさいち[石狩市]

新鮮な魚が格安で販売される人気の朝市をぶらぶら

石狩湾新港の東ふ頭で4月の初旬から7月上旬まで毎日開催される市場。港近くの道路に面してプレハブ小屋の店が7軒並ぶ。店は地元の漁師さんの直営。店先、歩道部分には干し魚が並べられ、店内外には水槽に入

タコもこうして干される

れられた魚貝が泳ぐ。春はカレイ、ヒラメ、タコ、ソイ、ホタテに

食べ方などは聞いてみよう

加え、糠ニシンやホッケの開きなどの加工品が並ぶ。6月にかけてはシャコが人気だ。売り切れ終了なので、午前中の早めの時間に訪問しよう。9月から10月中旬はサケの直売所となる。

Data
所石狩湾新港東ふ頭(石狩市新港東4-800-2) ☎0133-62-3331(石狩湾漁業協同組合本所) 営4月初旬〜7月上旬の7時〜14時頃まで

ずらりと並ぶのは宗ハガレイだ

厚田港朝市

あつたこうあさいち [石狩市]

漁港の横でシーズン中毎朝開催される人気の市

厚田港の横でシーズン中、毎日開催される。コの字型に20軒ほどの店が立ち並び、中央が広場のようになっていて、イスが置かれる。春から初夏にかけては、カレイ、ヒラメ、タコ、ソイなどを中心に、シャコなどが並ぶこととも。夏はウニにホタテ。もちろん共に殻や貝付きで購入することができる。9月からはサケがメインだ。乾き物や加工品はシーズンを通じて販売される。商品がなくなった店から閉店していくので、早めに行くのがおすすめ。

それぞれの店で自慢の商品が並ぶ

加工品もびっくり価格だ

対面販売なので食べ方も聞ける

Data
所厚田漁港内（石狩市厚田区厚田7-4）☎0133-78-2006（石狩湾漁業協同組合厚田支所）営4月初旬〜10月中旬の毎日7時〜14時頃まで

JAさっぽろ地物市場とれのさと じぇいえいさっぽろじものいちばとれのさと[石狩市]

店舗は赤い大きな看板が目印

加工品も多数並ぶ

札幌・石狩の野菜や加工品が販売される人気の直売店

　道道44号、石狩手稲通り沿いにある、JAさっぽろが運営する人気の直売所。広い駐車場、大きな看板。店内の壁には百数名の生産者たちの顔写真が大きく掲げられている。野菜類を中心に精肉や加工品が並ぶ。レジ横には「とれカフェ」コーナーがあり、ソフトクリームはコーンとカップを選べる。ベジソフト、いちご、かぼちゃ、季節の野菜などもあり人気。風除室部分には花やガーデン用品も置かれる。

Data
所 石狩市樽川120番地3 ☎0133-73-4500 営9時30分～17時

丹野商店 たんのしょうてん[石狩市]

国道に面して目立つ外観

1枚350円からのシマホッケ

旬の鮮魚と珍味や乾き物がずらりと並ぶ商店

　石狩市街から石狩浜方面へ。国道231号沿い左手に大きく「海産品」と書かれた店がある。店内に入ると珍味や乾き物がずらりと並び、その多さに驚く。奥には干し魚や新鮮な鮮魚介類が所狭しと並ぶ。海に近いこともあり、釣り具、レジャーグッズを取り扱う。出入り口付近には季節の野菜が並べられる。

Data
所 石狩市新港東3丁目65-15 ☎0133-62-4155 営10時～18時、元日のみ休み

善盛園　ぜんせいえん[石狩市]

お持ち帰り用も販売される

入り口、奥に広いサクランボ園

▍雨天でもOK、広大な園内でサクランボが食べ放題

浜益から雄冬岬へと通じる国道231号を進むと幾度となく誘導看板を見る。1万2,000坪という広大なサクランボ園。園内はバリアフリーになっており、車椅子でも利用できる上、大型ビニールハウスとなっており雨でも安心。「ごんべえ」「佐藤錦」といった甘いサクランボ品種が時間無制限の食べ放題。

Data
所石狩市浜益区幌403-1 ☎0133-79-3210 営8時～17時

きむら果樹園　きむらかじゅえん[石狩市]

各種加工品も販売される

雰囲気ある作業小屋が直売所

▍明治10年から今に続く老舗果樹園

この地に開園したのは、1877年（明治10年）という老舗の果樹園で、5代にわたって続く浜益の森の果物店。大正時代に建てられたという直売所では、サクランボ、モモ、ブドウ、ナシなど季節の果物が並ぶ。リンゴジュースやジャム各種も人気の品。冬季は自宅で販売される。

Data
所石狩市浜益区幌379-2 ☎0133-79-2835（自宅）0133-79-5033（園地）営直売所（冬期間は閉園、自宅直売所へ移転）8時～17時（時期によって変更）

ふじみや ふじみや[石狩市]

手焼きされたどら焼き販売コーナー

国道からよく目立つ店舗外観

浜益名物、手焼きどら焼きの実演がある

国道231号沿い、浜益海浜公園前にある食堂兼売店。食堂では、鉄鍋に入れられたアツアツの「大漁ラーメン」が人気メニュー。サケ、ホタテ、ムール貝、タコなど魚介がたくさん入った塩味ラーメン。浜益名物の「手焼きどら焼き」の実演販売も見られる。

Data
所石狩市浜益区川下120 ☎0133-79-2303 営9時〜17時、食堂11時〜14時、定休日は夏季は火曜、冬季は日曜(変動あり)

はまなすの丘公園
はまなすのおかこうえん[石狩市]

石狩川が日本海に注ぐその河口付近の自然公園。石狩灯台が目印の園内には、約180種類の海浜植物が自生する。その中に木製の遊歩道がつけられている。駐車場の横には「はまなすの丘公園ヴィジターセンター」がある。おみやげ品とソフトクリームが販売される。

Data
所石狩市浜町29-1 (ヴィジターセンター) ☎0133-62-3450(ヴィジターセンター)※期間外は石狩観光協会0133-62-4611 営4月29日〜11月3日、9時〜18時(※9月1日〜11月3日は〜17時)

弁天歴史公園
べんてんれきしこうえん[石狩市]

石狩市の本町付近は古くから開けたところ。江戸時代、松前藩がアイヌ民族と交易をする「場所」をこの地に設置し、村山家が石狩場所の場所請負人となった。村山家は豪商として名を上げ、1816年(文化13年)に石狩弁天社を再建。サケの豊漁を願ってのものだった。かつての賑わいの名残を残す通りがある。歴史のシンボルとして「弁天歴史公園」が整備されている。

Data
所石狩市弁天町38 ☎0133-62-4611(石狩観光協会) 営4月29日〜11月3日までの土日祝日は運上屋棟にガイドが常駐し観光案内

スウェーデン交流センター
すうぇーでんこうりゅうせんたー[当別町]

当別町の郊外、小高い丘の上にまるで北欧に迷いこんだような住宅街がある。スウェーデンハウスが開発する「スウェーデンヒルズ」。エンジ色の統一感ある一帯の中央部分に、交流センターが建つ。ガラス工芸工房と木材工芸工房、センターホールの3つの建物から成り、体験教室や工芸品の展示・販売がされている。

Data
所当別町スウェーデンヒルズ2329-25 ☎0133-26-2360 営夏期間、冬期間で異なる

ふれあい倉庫
ふれあいそうこ[当別町]

JR当別駅前にある直売所。農業用倉庫を改築し、カルチャーホールも併設される。当別の新鮮な野菜のほか、加工品などが販売される。当別町と姉妹都市

交流を行う宮城県大崎市や、愛媛県宇和島市の産品も並ぶ。

Data
所当別町錦町294-4 ☎0133-27-6600 営【4〜10月】9時〜20時(直売コーナー〜18時)、【11〜3月】〜19時(直売コーナー〜17時)

辻野商店　つじの蔵
つじのしょうてんつじのくら[当別町]

当別のおいしいものを集めたセレクトショップ。当別産の農産物とその加工品を中心に販売している。黒豆がのった豆乳パフェ(500円)は人気の品。

豆乳パフェ

Data
所当別町幸町2-13 ☎0133-23-2871 営10時〜17時 休年末年始のみ

北欧の風 道の駅とうべつ
ほくおうのかぜみちのえきとうべつ[当別町]

アトリウム・休憩コーナーを囲むように当別グルメを提供するショップが並ぶ。入口横には24時間営業のセブンイレブンがある。農産物直売所にはJA北いしかりが運営する「はなぽっけ道の駅店」が入る。カフェレストラン「テルツィーナ」は人気シェフがプロデュースした北海道イタリアンの店。

Data
所当別町当別太774番地11 ☎0133-27-5260 営9時〜17時(2025年1月、2月は10時〜16時(水曜休み))

神威岬／島武意海岸

かむいみさき／しまむいかいがん［積丹町］

シャコタンブルーの絶景を堪能できる2つの岬を歩く

いわゆる「シャコタンブルー」を実感できる場所。積丹半島には2つの先端部分があり、どちらからも日本海を見下ろす絶景が広がる。

西部にあり、先端部分を鋭く突き出しているのは神威岬だ。広い駐車場があり、ここから徒歩で歩いていく。入り口にある募金箱、自然環境保全協力金は任意だが、ぜひ100円を箱に投じていこう。すこし歩くと「女人禁制の地 神威岬」という鳥居型のゲートがある。かつてはそうだったが、今はもちろん女人禁制の場所ではない。岬の先端部分までは、木柵がつけられた細い道「チャレンカの小道」が整備されている。神威岬灯台を過ぎれば、いよいよ最終地点だ。片道、約20分。風が強いことで知られるここでは、夏でもウィンドブレーカーなどを1枚羽織っていったほうがいい。先端部分はまさに絶景が待っている。左手には神恵内の海岸線と山々が、右手には積丹岬が見えている。足元の海は信じられないほどブルーに輝く。夏にはエゾカンゾウの黄色い花が彩りを添える。

女人禁制が解かれたのは1855年(安政2年)のこと

このトンネルを抜けると島武意海岸の絶景が飛び込む

岬の先端部分まで道が整備されている

島武意海岸を上から見る

　島武意海岸はトンネルを歩いて進んだ先にある。30メートルほどのトンネルを抜けると、目の前に絶景が飛び込んでくる。実にドラマチックな場所だ。断崖絶壁の上から見る海の色は、ここもブルー。奇岩に囲まれるようにカーブを描く湾状の海岸は実に美しい。つづら折りの階段を下れば、「日本の渚100選」に選出された海岸へ出る。

　車を停めた駐車場近くにあるお食事処「鱗晃(りんこう)」では、ウニ丼、海鮮丼、焼魚定食などが味わえる。

Data
所積丹町 ☎0135-44-3715(一社積丹観光協会)

黄金岬／ニューしゃこたん号 おうごんみさき／にゅーしゃこたんごう[積丹町]

水中のようすを手にとるように観察できる

ハート型の宝島はすぐそこに

■ ブルーな美国の海を水中展望船と岬から眺める

「シャコタンブルー」をもとめて、多くのダイバーが集まる美国地区。この美しい海は船の中からも見学できる。美国港から黄金岬〜ゴメ島〜宝島を40分ほどで巡るクルーズ船があり、船底のガラス越しに魚やウニを観察できる。

黄金岬へはトレッキングでも行ける。積丹町観光センター付近の「黄金岬入口」と書かれた標柱を目印に散策路を探して、歩いて15分ほどで先端部分へ。展望台があって宝島をはじめ美しい美国の海を陸の上から見ることができる。

Data
所積丹町美国町
☎0135-44-3715（一社積丹観光協会）

青の洞窟 あおのどうくつ[小樽市]

洞窟内はU字型になっている

■ 青く輝くブルーの海面が神秘的なスポットを見に行く

近年人気急上昇の観光スポット。塩谷方面、日本海に面した洞窟に入ると海面がエメラルドブルーに輝く神秘的な場所がある。塩谷海岸からシーカヤックを使って向かうツアーがあるほか、北運河や龍宮ふ頭などから小型船で往復するツアーも各社で開催されている。断崖絶壁の小樽海岸の景色と合わせて快適クルージングが楽しめる。

Data
所小樽市塩谷
☎0134-33-2510（小樽観光協会）

祝津パノラマ展望台

しゅくつぱのらまてんぼうだい［小樽市］

▌日本海を一望する、パノラマ風景を楽しむスポット

　石狩湾・日本海を一望できるスポット。おたる水族館近く、敷地内の坂道を車で上った先にある。標高70メートルほどの丘部分には、駐車スペースがある。高

島岬方面には日和山灯台があり、その右側には小樽市鰊御殿の赤い屋根が見える。

　空気が澄んでいれば、日本海の対岸に増毛連峰の山々も見える。ここは本当に気持ちがいいスポットだ。

　岬手前には水族館の屋外施

展望台にある案内板と碑

設「海獣公園」があり、風向きによってはトドの鳴く声も聞こえる。西方面は断崖絶壁になっていて、「ニセコ積丹小樽海岸国定公園」に指定される紺碧の大海岸は壮観のひとこと。ブルーの海を時間のゆるす限り堪能したい。

小樽ブルーが印象的な海が眼下に見える

Data
所 小樽市祝津3丁目

おたる水族館 おたるすいぞくかん[小樽市]

冬季の人気はよちよち歩きのペンギンパレード

2024年に開館50周年を迎えるおたる水族館。夏季のおたる水族館はもちろん楽しいけれど、冬の水族館も大人気だ。お薦めはペンギンが雪の上をよちよち歩く「ペンギンの雪中さんぽ」は愛くるしいパレードだ。1日3回、約10分ほどの雪中さ

イルカスタジアムでのショーは約20分

んぽを目当てに大勢の人たちが集まる。ペンギンの正式名称は「ジェンツーペンギン」。出身は南極周辺の島々だ。行進するのは「ダディ」と名付けられた34歳のベテランを筆頭に5歳の「マイケル」など10頭あまり。飼育スタッフも丁寧に解説してくれる。

イルカショーでは迫力ある姿からコミカルな姿まで次々と披露するイルカに拍手喝采。「北海道の海ゾーン」は「オホーツク海・ベーリング海の魚」コーナーなど道内関連の魚たちが悠々と泳ぐ姿を、青い水塊まるごと楽しめる。

入り口入ってすぐは海のパノラマ回遊水槽

館内にはレストランが入り名物のあんかけ焼きそば

Data

所 小樽市祝津3丁目303番地
☎0134-33-1400 営 通常営業と冬季営業があり、休館日や時間が異なる(HPで確認を)

小樽運河 おたるうんが[小樽市]

運河クルーズは約40分かけてくまなく巡る

浅草橋街園近くにある小樽出抜小路

▌ 北のウォール街、発展を支えた港町のシンボル

小樽運河は1923年(大正12年)に完成。陸地を掘り込んだ運河ではなく、海岸の沖合を埋め立てて造られたため、直線ではなく緩やかに湾曲しているのが特徴。運河の全長は1140メートル、幅は20メートル。北運河とよばれる北部は当時のまま40メートルが残る。散策路には63基のガス灯が設置され、運河沿いの石造り倉庫群は当時の姿のまま。現在はレストランなどが入る。近年はこの運河をボートに乗って巡るアクティビティがあり、水上から違った魅力を楽しむことができる。

Data
小樽運河クルーズ 所小樽市港町～色内5-4 ☎0134-31-1733 営10時～最終便(時期により異なる)

小樽天狗山 おたるてんぐやま[小樽市]

小樽の市街地が一望できる

売店では天狗にちなんだものも多数

▌ 小樽の市街地と日本海が一望できる絶景席

小樽市街地からロープウェイに乗って5分ほどで山頂付近まで行くことができるが、裏手をぐるっと回って車でも上ることも可能だ。山頂からは急斜面ごしに、小樽の街並みと日本海、遠くに雄冬岬方面の暑寒別連峰が島影のように見える。展望施設の横には、ウッドデッキが敷かれたテラス席が複数用意され、パノラマ絶景を堪能できるようになっている。

Data
所小樽市最上2丁目16-15 ☎0134-33-7381 営山頂への車でのアクセスは冬季期間は通行止め)

小樽芸術村／西洋美術館・似鳥美術館

おたるげいじゅつむら／せいようびじゅつかん・にとりびじゅつかん［小樽市］

歴史的建造物とともに国内外の芸術品を鑑賞する

小樽運河の近く、5棟の歴史的建造物からなる複合的な芸術空間。小樽が栄華を誇っていた20世紀初頭に建造された建物を活かし、その時代を華やかに彩ってきた日本や世界の優れた美術品・工芸品を展示公開している。

2022年には旧浪華倉庫を活

似鳥美術館の日本画コーナー

建物は1923年（大正12年）に建てられた

用した「西洋美術館」が加わった。19世紀後半から20世紀初頭に欧米で制作されたステンドグラスやアールヌーヴォー・アールデコのガラス工芸品、家具などを展示する。おみやげ品コーナーや休憩コーナーは無料で利用ができる。

「似鳥美術館」は旧北海道拓殖銀行小樽支店の建物。地下1階か

ら4階までを使って、横山大観や川合玉堂などの日本画、岸田劉生をはじめとする日本・海外の洋画、高村光雲とその弟子たちの木彫などを展示する。

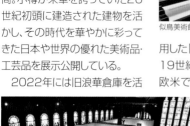

西洋美術館の様子

Data

所 小樽市色内1丁目3-1他 ☎ 0134-31-1033 営【5〜10月】9時30分〜17時、毎月第4水曜【11〜4月】10時〜17時、水曜（祝日の場合はその翌日）と年末年始休み

小樽芸術村／旧三井銀行小樽支店 おたるげいじゅつむら／きゅうみついぎんこうおたるしてん[小樽市]

吹き抜けの空間が圧巻

銀行建築の傑作と呼ばれた建物内部を見学できる

1927年（昭和2年）に竣工。重厚な石積みの外観が印象的な建物。銀行建築の傑作でもあり、かつての小樽繁栄の面影を今に伝える。大きな吹き抜けに回廊がめぐるホールや金庫室などの元銀行内部を自由に見て回れる。きっと感嘆のため息が出るだろう。高くて広い天井を使ったプロジェクションマッピングも実施されていて、必見だ。

Data

所 小樽市色内1丁目3-10 ☎ 0134-31-1033 営【5〜10月】9時30分〜17時、毎月第4水曜【11〜4月】10時〜17時、水曜（祝日の場合はその翌日）と年末年始休み

小樽芸術村／ステンドグラス美術館 おたるげいじゅつむら／すてんどぐらすびじゅつかん[小樽市]

2つの歴史的建物はつながっている

100年を超える輝きの中に包まれる幸せな時間

旧荒田商会の建物と旧高橋倉庫を活用した展示室には、息をのむほどに美しいステンドグラスが飾られている。19世紀後半から20世紀前半にかけてイギリスで作られ教会を飾っていたステンドグラスだ。100年以上も前の職人のこだわりを間近で見ることができ、美しさにみとれ時間を忘れるほど。

Data

所 小樽市色内1丁目2-17 ☎ 0134-31-1033 営【5〜10月】9時30分〜17時、毎月第4水曜【11〜4月】10時〜17時、水曜（祝日の場合はその翌日）と年末年始休み

北一ホール／北一硝子三号館 きたいちほーる／きたいちがらすさんごうかん[小樽市]

道央

道南

道北

オホーツク

釧路・根室

十勝

167個の石油ランプが灯る幻想空間

1901年（明治34年）にランプの製造会社として前身の会社が創業した北一硝子。明治期の小樽軟石を使用した木骨石張倉庫が同社の三号館として、喫茶と食事を提供するホールが営業している。高い天井の館内には167個の石油ランプが灯され、温もりのある幻想的な雰囲気に包まれている。平日の午後にはピアノの生演奏も聞ける。カフェとしては、定番人気の「特製ロイヤルミルクティ」（620円）のほか、パフェやケーキを。ランチタイムには海鮮丼などのほか小樽ビールや小樽ワインも提供される。館内の通路をはさんでガラスショップも併設。きらめく器などをとくと眺めたい。

貨車の線路が残る渋い雰囲気の通路

ショップでは和風や洋風などさまざま

毎朝9時から行われるランプの点灯作業も必見

Data

所 小樽市堺町7番26号 ☎ 0134-33-1993 営 9時〜18時（一部店舗除く）、〜17時30分（北一ホール）

小樽オルゴール堂本館 おたるおるごーるどうほんかん［小樽市］

交差点にあって存在感ある外観

キャラクターと雑貨のフロア

▌オルゴールが織りなす圧 巻の幻想空間

観光客がそぞろ歩く堺町通り商店街の南の終点、メルヘン交差点に建つ。3階建ての館内は5つのコーナーに分かれていて、約3,200種類、数にして38,000個ほどの品数を誇るオルゴール

が並ぶ。建物は、元は北海道有数の米穀商の本社社屋として1915年（大正4年）に建てられたもの。小樽市指定歴史的建造物にも指定されている。建物正面にはシンボルである蒸気時計が立つ。15分毎に蒸気が発生し、5つの汽笛が温かみのある音色を奏でる。

Data
所小樽市住吉町4番1号 ☎0134-22-1108 営9時〜18時

北一ヴェネツィア美術館 きたいちづぇねつぃあびじゅつかん［小樽市］

運河通り沿いに建つ宮殿だ

1階に展示される国賓用ゴンドラ

▌歴史と芸術の都、中世貴族 の暮らしや美術品を紹介

イタリア・ヴェネツィアの中世の宮殿を再現した美術館。ヴェネツィアガラスの作品を展示・紹介する。

1988年（昭和63年）に開館。建物の外観は18世紀の同市の

宮殿をモデルとし、2、3、5階が展示室。中世貴族の暮らしや文化を紹介している。貴族の衣装を身に付けての貴族体験＆記念撮影ができるコーナーもある。1階にはミュージアムショップがあり直輸入のガラス製品が展示販売されている。

Data
所小樽市堺町5-27 ☎0134-33-1717 営9時〜17時30分（最終入場17時）、無休（臨時休館あり）

小樽市鰊御殿

おたるしにしんごてん[小樽市]

※2024年度は休館

明治期のニシン漁の拠点だった建物に驚き

1897年（明治30年）に泊村で建てられた建物を、1958年（昭和33年）、現在の高島岬近くに移築、復元した。「北海道有形文化財鰊漁場建築」として文化財に指定。明治時代の原型をとどめており、華やかな往時をし

1階の大広間には各種資料を展示

大きな建物を支える梁にも注目

のぶ貴重な鰊漁場建築を見学できる。

広さは185坪ほどあり、全盛期には120人ほどの漁夫が寝泊まりしていた。室内にはニシン漁やニシン加工に使われた道具類をはじめ、鰊番屋で生活していた人々の生活

用具や記録VTR、写真などを多数展示している。じっくりと見学しよう。2階の窓からは日本海の大海原が見える。ニシンに沸いた海を想像してみたい。

2023年9月の大雨により土砂崩れが発生し、休館している。再開を期待したい。

2階の窓からは日本海が一望できる

Data

所 小樽市祝津3丁目228 ☎
0134-22-1038 営9時〜
17時

にしん御殿 小樽貴賓館（旧青山別邸）

にしんごてんおたるきひんかん（きゅうあおやまべってい）[小樽市]

ニシン漁で財を成した北海道屈指の美術豪邸

小樽の祝津地区から山側に少し上った先にある、かつての鰊御殿「旧青山別邸」とその庭園、和食レストラン「貴賓館」からなる施設。この青山家は、明治〜大正時代を通じ、ニシン漁で巨万の富を築いた。二代目政吉の娘・政恵が17歳の時、山形県にある本間邸に魅せられ、政

貴賓館入口、豪邸の一部が見えている

貴賓館のホールの天井画がみごと

吉と娘夫婦で1917年（大正6年）から6年半余りの歳月をかけ建てた別荘が旧青山別邸。約1,500坪の敷地内に木造2階建て、190坪という大邸宅だ。6畳〜15畳の部屋が18室、そ

旧青山別邸の枯山水の庭園部分

れぞれに趣が異なり、金に糸目をつけず建てられた北海道屈指の美術豪邸と言っていいほど。和食レストランでは「にしんそば」（1,300円）のほか、ニシンにちなんだメニューが味わえる。

Data

所 小樽市祝津3丁目63 ☎0134-24-0024 営9時〜17時（11月〜3月〜16時）、年末年始休業期間あり

小樽市総合博物館 運河館

おたるしそうごうはくぶつかんうんがかん[小樽市]

商都小樽の繁栄と多様な自然を知る

1920年（大正9年）当時、小樽の人口は札幌よりも多い10.8万人を数え、道内では函館に次ぐ第2位だった。なぜ、この港町が栄えたのか。商都小樽となった歴史や理由を知ることができる施設。入り口右手は小樽の歴史と復元商家が展示される第一展示室。北海道と本州をつないだ北前船の資料、ニシン漁業に関すること、小樽運河の今昔などが学べる。小樽がもっとも華やかであった大正時代の街並みを再現する一角も必見。往時に思いを馳せたい。

中庭に出てからの第二展示室は、小樽の自然と遺跡に関する展示になっている。博物館の建物は1893年（明治26年）に建てられた旧小樽倉庫の一部を利用。「木骨石造」と呼ばれる、独自の様式だ。

壁一面の土器群展示は圧巻だ

外観は札幌軟石を使ったもの

映像コーナーでは動画で紹介

トドの骨格標本なるものも展示

Data
所 小樽市色内2丁目1番20号
☎0134-22-1258 営9時
30分～17時、無休

道央

道南

道北

オホーツク

釧路・根室

十勝

小樽市総合博物館本館 おたるしそうごうはくぶつかんほんかん[小樽市]

精巧なジオラマが並んでいる

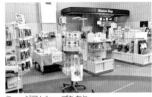
ミュージアムショップもあり

道内における鉄道の歴史が始まった地

国指定の重要文化財である旧手宮鉄道施設は、北海道の鉄道の歴史が始まった場所。鉄道に関する貴重な資料が展示されている。駅舎の改札口を模したゲートをくぐると大きな蒸気機関車が置かれている。1885年(明治18年)に、ここ手宮に配置された機関車である。鉄道展示室には、小樽の鉄道の歩みを紹介する映像や、鉄道敷設時のリアルなジオラマがあり、見応え充分。夏期に白煙を上げて敷地内を走る蒸気機関車(SL)アイアンホース号の体験乗車はいつも大人気だ。

Data
所 小樽市手宮1丁目3番6号 ☎ 0134-33-2523 営 9時30分～17時

旭展望台
あさひてんぼうだい[小樽市]

標高190メートル展望台からは小樽市街地と小樽港がよく見える。対岸には雄冬岬も見えている。目印となる小林多喜二文学碑の近くに駐車場があり、小径を上ると展望台に到着する。周辺には計18本の散策コースが整備されているから、自然散策にもぴったりだ。

Data
所 小樽市旭町・富岡 ☎ 0134-32-4111(小樽市産業港湾部農林水産課) 営 冬期閉鎖(雪の状況による)

旧北海製罐第3倉庫
きゅうほっかいせいかんだいさんそうこ[小樽市]

小樽運河の北側に圧倒的な存在感を放つ4階建ての建物がある。小樽運河が完成した翌年の1924年(大正13年)に建設。小樽市指定歴史的建造物にも指定されている。しかし、2020年に老朽化により解体の危機を迎える。保存を訴える市民の声により翌年、小樽市に無償譲渡された。用途については検討がなされており、今後の活用に期待したい。

Data
所 小樽市手宮2丁目5 営 外観を見るのみ

南樽市場 なんたるいちば[小樽市]

国道至近、駐車場も広く 規模も大きく楽しい市場

国道5号から50台は停められる駐車場を挟んで黄色い建物に赤い文字で大きく「南樽市場」と書かれた建物が見える。場内には全部で29店舗が営業する。一番多いのは鮮魚店で9店舗。海産物店は3店舗、他にも青果

市場唯一の寿司店がある

果物や野菜類を扱う店

や精肉、食品雑貨店などがある。食事処は2店。寿司店があり、食堂では海鮮丼はもちろん「クリーミー南樽みそらーめん」(650円)も定番で、人気がある。コーヒースタンドがあったり、中央の休憩スペースには客の身長を刻んだ柱があったりと微笑ましい。抽選くじもあり楽しく買い物ができる。

食堂は多彩なメニューが並ぶ

Data

所 小樽市新富町12番1号 ☎ 0134-23-0722 営 9時〜18時、日曜休み

国道側から見た外観

新南樽市場　しんなんたるいちば[小樽市]

駐車場が広くて便利、規模が大きい総合市場

小樽市の築港エリア・ウィングベイ小樽の隣にあり、小樽で一番新しい総合市場。といっても開業は1999年だから20年以上の歴史がある。店舗の前には広い駐車場があり、200台はらくらく停められる。鮮魚水産・加

新鮮な魚が平台の上に並ぶ

駐車場が広くて便利だ

50品以上のメニューがある食堂

工品店10店、食料品店5店、果物・野菜店2店。その他、飲食店含めて全部で23店舗が鮮度や価格を競う。館内一角にはパブリックスペースがあり、イスやテーブルがあるので休憩もできる。同じビル内には洋品店や100円ショップなども入る。

パブリックスペースで休憩も

Data
所小樽市築港8-11 ☎0134-27-5068 営9時〜18時30分、水曜休み

81

鱗友朝市 りんゆうあさいち[小樽市]

道央

道南

道北

オホーツク

釧路・根室

十勝

■ 早朝4時から開場する北運河にほど近い市場

小樽の北運河に近い場所にある市場。駐車場も完備している。営業スタートは早朝4時のため、お昼すぎには早くも終了モードになっている。可能なかぎり朝早くに訪問したい。

市場の外観、ローソンの隣

「朝市食堂」のメニュー板

市場内は鮮魚店を中心に、乾物や果物を扱う10店ほどの店が並ぶ。ぐるっと1周できるつくりで、地元や近郊の利用客が多い印象だ。飲食店も2店あり、人気の「海鮮丼」や「朝市定食」などを堪能できる。

食堂「いち乃家」のメニュー

Data
所 小樽市色内3丁目10-15
☎0134-22-0257 営4時～14時、日曜休み（正月休みあり）

通路を挟んで両側に店が並ぶ

三角市場　さんかくいちば[小樽市]

じっくり店員さんと相談して選んで買える

小樽駅側にある入口から入ると市場内は下り坂だ

▌小樽駅に近く観光客でにぎわう市場で食べ歩き

　JR小樽駅横ともいっていい場所にある市場。入口は2カ所、小樽駅側と国道5号側。傾斜地に立っているため市場内の通路は坂道になっている。全長200メートルほどの通路の両側に、ずらりと鮮魚・海産物店やお食事処が並ぶ。場所柄、観光客の利用も多く、歩いていると各店から声をかけられる。市場の名前は土地と屋根の形状が三角だったことから。

Data
所 小樽市稲穂3丁目10-16 ☎0134-23-2446 営各店舗による

田中酒造亀甲蔵　たなかしゅぞうきっこうぐら[小樽市]

売店コーナー入り口のディスプレイ

駐車場は建物の周囲に2カ所ある

▌日本酒の製造場を見学でき試飲もできる酒蔵

　創業は1899年(明治32年)、小樽の老舗酒造。代表銘柄「宝川」で知られる。「亀甲蔵」では日本酒の製造場見学ができる。1階石造倉庫では日本酒などが製造される。仕込みタンクをはじめ、製造過程を2階から1周するかたちで見学できる。売店では、蔵直出しの「純米しぼりたて生原酒」のほか、約10種類を無料で試飲できる。なお、「本店」とは場所が異なるのでご注意を。

Data
所 小樽市信香町2番2号 ☎0134-21-2390 営9時5分～17時55分、無休

83

北海道ワイン おたるワインギャラリー

ほっかいどうわいん　おたるわいんぎゃらりー[小樽市]

おたるワインの製造を見て味わい購入できる新施設

小樽市に本社を置く「北海道ワイン」の直売所が2023年9月に全面リニューアルした。ここで製造される「おたるシリーズ」や人気の「鶴沼シリーズ」が買えるショップは、ワインギャラリーとして全面リニューアル。専用コインで試飲ができるワインサーバーもあり、カウンターからは石狩湾が一望できる。

エントランス入ってすぐのスペース

限定品も販売されるショップ店内

ぶどうの香りが漂う醸造所内

ワイナリーの見学コースが新設され、ぶどうの香り漂う醸造所内に入ることができる。途中、大型スクリーンによるぶどうの栽培映像や醸造用機器の動く様子が見られる。見学の最後には地下貯蔵庫を改装したスタイリッシュな空間で試飲ができる。見学プランは内容によって数種類のコースが用意されている。ここでは「大人の上質な小樽」が感じられる。

建物は同じだが、入り口が変わった

Data
所 小樽市朝里川温泉1-130
☎0134-34-2187　🕐9時～17時、無休(年末年始は休み)

民宿青塚食堂
みんしゅくあおつかしょくどう[小樽市]

　おたる水族館近く、鰊御殿の直下にある人気の食堂。ふっくらと大きな特大ニシンは有名。じっくりていねいに炭火焼されたニシンを定食などで味わいたい。夏は生ウニ丼や海鮮丼がよく出る。いやいや普通にという人には、そばやラーメン、カツカレーといったメニューもある。名前の通り、宿泊もできる。

Data
所小樽市祝津3丁目210 ☎0134-22-8034
営10時〜20時、不定休

小樽・蕎麦屋・籔半
おたるそばややぶはん[小樽市]

　1954年(昭和29年)に創業。店の奥には明治末期の石蔵があり、座敷になっている。本のような「おしながき」はじっくり読みたい。メニューはバラエティに富んでいる。そばの麺は地物粉麺と並麺の2種があり、人気は「ニシン蕎麦」。小樽産ニシンを小骨が分からないくらい柔らかく炊き上げている。

Data
所小樽市稲穂2丁目19番14号 ☎0134-33-1212 営11時30分〜14時30分L.O.、17時から20時L.O.、火曜と水曜定休

奥沢の水すだれ

ニッカウヰスキー余市蒸溜所 にっかういすきーよいちじょうりゅうしょ［余市町］

■ 重要文化財に指定された 伝統的な理想郷にふれる

ニッカウヰスキーを創業し、「マッサン」の愛称で知られる竹鶴政孝。竹鶴は1918年（大正7年）に単身スコットランドに渡りウイスキーづくりを学んだ。帰国後スコットランドと自然環境や気候が似ている余市町を創業の地とし、1934年（昭和9年）、ニッカウヰスキーの前身である

大日本果汁株式会社を設立。苦難の末、1940年（昭和15年）に第1号ウイスキーを発売した。事前予約制のガイドツアー（無料）では、ウイスキーの製造方法のほか、竹鶴の足跡をたどりながら、ニッカの歴史を知ることができる。所要時間は約70分。最後のお楽しみは無料の試飲。ショップ、レストランも充実しており、あわせて楽しみたい。

ソフトドリンクもあるテイスティングホール

ニッカミュージアムの有料試飲コーナー

Data
所 余市町黒川町7丁目6 ☎
0135-23-3131 営無料ガイ
ドツアー（事前予約制）は9時～
15時（最終出発）まで30分お
き

シンボルになっている乾燥棟（キルン棟）

蒸溜棟では石炭を投入するシーンも

OcciGabi（オチガビワイナリー）

おちがびわいなりー[余市町]

4分の3円形の窓があるレストラン

地下室ではワインが静かに醸造される

美しい庭園を見ながらワインを味わう大人の空間

　ドイツ留学で学んだワインづくりのノウハウを元に長野県や新潟県でワイナリーを運営してきた落希一郎さんが日本一のワインを目指すワイナリー。2012年から余市の小高い丘の上でワインづくりを開始。シャルドネ、ピノ・ノワール、ゲヴュルツトラミナーといった品種からドイツ系、フランス系のワインを醸造・販売する。レストランでは、美しいガーデンとブドウ畑を眺めながら余市産麦豚を使ったパスタや、道産牛のビーフシチュー、ハンバーグなどが味わえる。

Data
所余市町山田町635 ☎0135-48-6163 営【ワイナリー・ショップ】11時〜17時【レストラン】ランチ11時〜14時

余市ワイナリー

よいちわいなりー[余市町]

カフェ&ベーカリーの店内

芝生の広場を囲むように建つ

余市ワインの製造過程を見て味わい買える

　日本清酒のグループ会社で、余市ワイン醸造所の敷地内に開業したワイナリー。工場では、醸造棟で瓶詰め、貯蔵棟の見学ができ、ワインの品種などを説明するパネル展示もある。ショップでは各種余市ワインのほか、工場限定の商品、地元の陶芸作家のアート品も販売している。レストランでは石窯で焼くピザや北海道産牛100%使用のハンバーグなどが味わえる。カフェでは赤・白ワインの3杯セット（税込1,100円）は飲み比べが楽しめる。

Data
所余市町黒川町1318 ☎0135-23-2184 営営業時間はワイナリー内各施設による

旧余市福原漁場 きゅうよいちふくはらぎょば[余市町]

親方と漁夫が寝起きした主屋内部

ミガキニシンなどを保管した石蔵　ニシンを干していたナヤ場

▌ニシン漁場の生活を今に伝える数少ない建物群

かつてのニシン漁場の生活の様子などを伝える貴重な建物。国指定史跡。主屋、文書庫、米味噌倉、網倉などがまとまって残されている。明治中期、ニシン漁最盛期の漁場経営を今に伝える。じっくりと時間をとって見学したい。

Data
所余市町浜中町150 ☎0135-22-5600 営9時〜16時30分、休館日は毎週月曜、祝日の翌日、12月中旬〜4月上旬

旧下ヨイチ運上家 きゅうしもよいちうんじょうや[余市町]

囲炉裏と奥に台所部分が見える

板間から奥を見たところ

▌現存する唯一の運上家建築、国指定重要文化財

1853年（嘉永6年）当時の建物を復元、道内における数少ない近世建築のひとつ。現存する唯一の運上家建物だ。間口40メートル、奥行き16メートルの大空間が見学できる。運上家とは江戸時代、松前藩からアイヌの人々との交易を請け負った商人の拠点。道内には80カ所があったという。

Data
所余市町入舟町10 ☎0135-23-5915 営9時〜16時30分、休館日は毎週月曜、祝日の翌日、12月中旬〜4月上旬

柿崎商店 海鮮工房 かきざきしょうてんかいせんこうぼう［余市町］

注文はショーケースを見て

国道に面して目立つ外観

▌人気の海鮮丼など海産物求めて行列の店

　余市駅前、国道5号に面してオレンジの外観が目立つ。お昼どきには階段下へと長い行列ができる店。メニューは入り口にあるショーケースの中から選び、事前に会計する方法。人気は海鮮丼（1,580円）。イクラやマグロなど10種類ほどのネタが盛られる。ホッケやツブなど魚介類が驚きの価格で味わえる。

Data
所余市町黒川町7丁目25番地 ☎0135-22-3354 営10時〜17時30分L.O

柿崎商店 かきざきしょうてん［余市町］

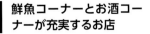

各種ワインなどがずらりと並ぶ

野菜コーナーも道内産のもので充実

▌鮮魚コーナーとお酒コーナーが充実するお店

　鮮魚コーナーが充実し、地元余市産のものをはじめ道内各地から届く生魚が氷の上に並ぶ。干し魚、加工品など品揃えは充実だ。野菜コーナーの隣にはお酒コーナーが大きくあり、余市や小樽のワインのほか、ニッカウイスキー製品が並んでいる。2階の海鮮工房と合わせて立ち寄りたい。

Data
所余市町黒川町7丁目25番地 ☎0135-22-3354 営10時〜18時

燻製屋・南保留太郎商店
くんせいや・なんぽとめたろうしょうてん［余市町］

1948年創業。現在3代目が継ぐ燻製専門店。余市の魚貝や野菜を保存料や着色料を使わず、伝統の冷燻製法で仕上げる。へらがに燻製は大人気商品。

Data
所余市町港町88 ☎0135-22-2744 営9時～17時（平日）、～18時（土日祝）

ニセコ蒸溜所
にせこじょうりゅうしょ［ニセコ町］

2021年10月にグランドオープンしたウイスキーとジンを製造する蒸溜所。新潟県魚沼市の八海醸造のグループ会社。三角屋根の施設内には大きな釜があり圧巻だ。館内にはショップとカウンターバーがありオリジナルの商品が購入できる。事前予約で約60分の見学ツアー（1人1,000円）も開催している。

Data
所ニセコ町ニセコ 478-15 ☎0136-55-7477 営10時～17時、無休

ニセコ髙橋牧場ミルク工房
にせこたかはしぼくじょうみるくこうぼう［ニセコ町］

牧草地越しに羊蹄山を望める人気のビュースポット。広く大きな駐車場の両側に「ミルク工房本店」「バウムクーヘン工房」「ヨーグルト工房」、レストラン「PRATIVO」などが建つ。自社牧場のミルクをつかったアイスクリームやケーキ、有名な「のむヨーグルト」などが味わえる。

Data
所ニセコ町曽我888-1 ☎0136-44-3734 営9時30分～18時（冬季は10時～17時30分）

道の駅ニセコビュープラザ
みちのえきにせこびゅーぷらざ［ニセコ町］

ニセコの市街地にも近い、国道5号と道道66号の交差点近くにある道の駅。直売所が人気で、地元の農家60軒ほどから500～700品目にもなる野菜が集まる。珍しい野菜が並ぶことも多く、札幌からも直売所目当てに訪問する客も多い。

Data
所ニセコ町字元町77番地10 ☎0136-43-2051 営【情報プラザ棟】9時～18時（直売所、テイクアウトコーナーは季節により異なる）

有島記念館　ありしまきねんかん［ニセコ町］

有島の足跡を紹介するコーナー

中庭に面してカフェがある。カフェのみの利用は無料

▎文化の香り漂う施設で優雅なひとときを過ごす

　大正期の作家・有島武郎（1878-1923）や、藤倉英幸が描いた北海道の風景はり絵を紹介する。周囲は公園となっており、正面には羊蹄山、左手にはニセコアンヌプリの山容を望む。館内にはブックカフェがあり、自家焙煎コーヒーを味わいながら、読書など静かなひとときを過ごせる。

Data
所ニセコ町字有島57番地 ☎0136-44-3245 営9時〜17時、月曜定休（月曜日が休日の場合は翌日休館）、年末年始休み

フルーツパークにき　ふるーつぱーくにき［仁木町］

メイン施設のカフェレストラン棟

園内で採れたサクランボが販売される時もある

▎果物と野菜、温室園芸が楽しめる農村公園

　小高い丘の上にある農村公園。カフェレストラン、特産品販売所、コテージ5棟とキャンプサイトもある。広い園内ではサクランボやリンゴといった果物やラベンダーなどの花々を栽培。レストランのランチはビュッフェスタイル。地元野菜をふんだんに使ったメニュー、40種類以上の料理とスイーツが味わえる。園内の坂を上った展望台は日本海を望むビュースポットになっている。下りは全長153メートルのジャンボ滑り台を楽しもう。

Data
所仁木町東町16丁目121 ☎0135-32-3500 営4月下旬〜10月末ごろ、9時〜18時

神仙沼 しんせんぬま［共和町］

出発地点にあるレストハウス

人気の「エビみそラーメン」

▌仙人が住んでいるかのような清々しい高原を歩く

ニセコ山系の中で、もっとも美しく神秘的と言われる沼。ニセコパノラマライン岩内洞爺線をぐんぐん上って行くと、道道66号沿いのレストハウスに駐車場がある。こ

こから約25分のトレッキングだ。道は木道が整備され歩きやすい。ハイマツのトンネルを抜けると湿原風景に変わり、沼に到着する。標高760メートルほどの高原は、まさに仙人がいるかのような清々しさ。付近には「長沼」があり、その奥にはチセヌプリの山容が見える。

Data

所 共和町前田 ☎0135-67-8778（共和町役場 産業課商工観光室商工観光係）

歌才オートキャンプ場ルピック

歌才ブナ林 うたさいぶなりん［黒松内町］

大木から若木までブナが密生する

国の天然記念物、国内北限のブナの森を歩く

　ブナの木は日本の森を代表する樹木のひとつ。九州から本州にかけて広く自生する。北海道では道南地区のみに生育が見られ、その北限が黒松内とされる。ここは黒松内低地帯と呼ばれ、歌才ブナ林は道内にいくつかあるブナ林の中でも代表的な森。学術的にも貴重な場所であることから、1928年（昭和3年）に国の天然記念物に指定され、北海道遺産にもなっている。森の入り口には駐車場があり、そこから歩けるように整備されている。春の新緑から秋の黄葉、冬はスノーシュー歩きと四季を通じて楽しめる。町内には「黒松内町ブナセンター」という施設もある。あわせて訪ねたい。

Data
☎0136-72-3597（黒松内町観光協会）

山中牧場 やまなかぼくじょう［赤井川村］

　赤井川村、メイプル街道と呼ばれる国道393号に面する。牧場直営のソフトクリームが人気。後味さっぱりのさわやかな味。低温殺菌の熟成牛乳も味わい深い。

Data
所赤井川村字落合478 ☎0135-34-6711 営8時30分～17時30分※時短営業中、休4月末～10月末は無休、それ以外は木曜

三島さんの芝ざくら庭園 みしまさんのしばざくらていえん［倶知安町］

　JR倶知安駅北側にある三島さん宅の庭を、ご好意で一般開放している。例年、5月下旬から6月中旬が見ごろ。駐車場はないので、JR倶知安駅近くの公共駐車場を利用してほしい。路上駐車は厳禁だ。感動的な眺めだが、あくまでも個人の庭であるので、そっと拝見させていただこう。

Data
☎0136-22-3344（倶知安観光案内所）

羊蹄山の湧き水
ようていざんのわきみず[真狩村]

横内観光農園の横にあり、多くの人がペットボトルなどで水を汲んでいく場所。ここの湧水は、カルシウムやマグネシウムなどのミネラル成分が溶け込み、水温も一年を通して約7℃とほぼ一定している。

Data
所真狩村社215 ☎0136-45-2736（横内観光農園）

郷の駅ホッときもべつ
さとのえきほっときもべつ[喜茂別町]

国道230号沿い、喜茂別のまちなかにある道の駅のような機能がある商業施設。2020年夏、リニューアルした。館内は野菜の販売と、レストランがあり、地元の名産品が並ぶ。

Data
所喜茂別町字喜茂別306-3 ☎0136-55-6755 営10時～15時、不定休

日本海食堂
にほんかいしょくどう[寿都町]

現役漁師の川地純夫さんご夫妻が営む食堂。横澗漁港近く、国道229号に面する。うにを中心に、アワビなどの丼もの、ラーメンや定食が味わえる。

寿都産うにをぜいたくにのせたうに丼

Data
所寿都町字磯谷町横澗69 ☎0136-65-6351 営4月下旬～8月末までの期間営業、11時～15時、要予約にて不定休

すっつしらす会館
すっつしらすかいかん[寿都町]

吉野商店が運営する食堂。地元・寿都産の「生しらす丼」（1,530円）が味わえる。寿都産の生シラスは4月末から1カ月間限定の提供。なお漁の状況によるので要問い合わせ。

Data
所寿都町字歌棄町美谷205-1 ☎0136-64-5018 営だいたい4～6月頃まで、6時～14時（売り切れ次第終了）、4月～6月無休、7月～3月水曜定休、期間は予定も含む

道の駅みなとま～れ寿都

みちのえきみなとま～れすっつ［寿都町］

ホッケカレー

地元の魚介類が人気のグルメな道の駅

　寿都漁港に面して立つ道の駅で人気なのは、やはり地元の魚介類を利用したメニューだ。「ホッケカレー」（800円）は寿都産のホッケすり身を使用。すり身はそぼろ状になっており、お肉と間違えるような食感。トマトやココナッツミルク、数種類のスパイスを使い、エスニックな味わいに。

　「寿都ホッケめし」（1,280円）は寿都産のホッケを蒲焼きにして熱々の鉄板ごはんにのせた、寿都の新ご当地グルメ。カリっと焼いて皮まで美味しいホッケ、甘辛だれと一緒になった鉄板おこげが絶品。お刺身や小鉢など副菜も豊富で、ボリュームも大満足と評判だ。

Data

所 寿都町字大磯町29-1 ☎0136-62-2550 営【夏期 4～9月】9時～18時【冬期10～3月】～17時 冬期のみ毎月第1・3月曜日（祝日の場合は翌日）と年末年始休み

道の駅みなとま～れ寿都

ゆにガーデン

ゆにがーでん［由仁町］

15のテーマが楽しめる国内最大級の英国風ガーデンを散策

　15のテーマガーデンからなる国内最大級の英国風庭園。4月の開園と同時にムスカリ、チューリップ、サクラといった春の花が咲き、初夏にはローズガーデンが甘い香りに包まれる。秋には北海道最大級3万2

季節に合わせてさまざまな花が咲く

センターハウスの外観

千株ものコキアが真紅に染まる。地元や近郊の野菜とハーブ類を使ったレストランとカフェがあり、ショップでは野菜や加工品が販売される。

秋はコキアの紅葉が圧巻

物販コーナーも充実している

ファーマーズマーケットの一部

Data

所 由仁町伏見134-2 ☎0123-82-2001 営【4月～10月】10時～16時※開園中無休

kitchen FARM YARD きっちんふぁーむやーど[由仁町]

いい感じのナチュラルガーデン

2階にはテラス席もあって気分がいい

▌野菜たっぷりの ファームレストラン

　JR三川駅近く、畑の中に佇むファームレストラン。「ファーム大塚」の大塚夫妻が敷地内にレストランを構えて20年以上が経過。人気は「スープスパイス」と名付けられたスープカレーのような一皿。カボチャ・ジャガイモ・ナスなど季節の野菜が10種類以上わさわさと入る。なかなか下にあるチキンには到達しないほどの量が魅力。サラダも含めて野菜のほとんどが自家製。スープの辛さやご飯の種類・量などが選べるスタイル。

Data
所由仁町西三川913 ☎0123-86-2580 営【平日】11時～18時【土日祝】～19時、火、水曜休み（祝日、お盆、年末年始を除く）

夢きらら ゆめきらら[長沼町]

右は「金のたまご」というスイカだ

遠くからでも目立つビニールハウスのお店

▌多品種、珍しい野菜も並ぶ畑の中の直売所

　江別市と南幌町とを結ぶ「空知南部広域農道」、通称「きらら街道」沿い。水田と畑の中にポツンとある直売所はビニールハウスの中が店舗。店内には低いテーブルに色とりどりのカゴが置かれ、野菜類が入っている。驚かされるのはその種類だ。「ウチは種類が豊富なのが自慢」とスタッフは話す。ほとんどの野菜に手書きの説明書きポップが付けられているのもうれしい。店の奥には冷蔵庫が置かれ、手作り味噌や平飼いタマゴなども取り扱う。

Data
所長沼町西3線北12 ☎090-3893-2405 営【9時30分～16時、4月下旬～11月中旬までの限定営業（期間中無休だが、悪天候で休む場合もある）

押谷ファームカフェ おしたにふぁーむかふぇ［長沼町］

レギュラーサイズのブルーベリー

450坪のオープンガーデンがある

ふわふわかき氷とガーデンが人気の農園カフェ

アスパラ農家の軒先におじゃまして、ふわっふわのかき氷が味わえる人気の農園カフェ。かき氷はサイズが2種類から選べ、メニューは「いちごミルク」や「とうもろこし」「メロン」などがある。野菜や果物を凍らせたものを削っているので、100％食材の味がして、ふわふわながらなめらかな食感。コンテナハウスの中もイートインスペースとして利用できる。プロのガーデナーが手がけたガーデンの散策も楽しい。

Data
所長沼町東3線北13 ☎0123-89-2180 営11時〜16時、金土日曜営業、6月28日〜9月29日まで

ながぬま温泉／ジンギスカン ながぬまおんせん／じんぎすかん［長沼町］

物産館の外観、2階がレストラン

店内

地元の3大ジンギスカンを一度に味わう

長沼温泉は源泉掛け流しの人気の温泉。ここでは敷地内に建つ物産館のジンギスカンコーナーで地元のジンギスカンを堪能しよう。人気メニューは「3種食べくらべセット」（1,890円）だ。長沼町にある3店舗、「かねひろロース」「ひつじの旅オリジナルロース」「長沼ロース」のそれぞれの肉を味わうことができる。肉は各90グラムに野菜が付いている。

Data
所長沼町東6線北4番地 物産館2F ☎0123-88-2408（ながぬま温泉）営11時〜16時、17時〜20時30分 ※L.Oは30分前

長沼のCafeインカルシ ながぬまのかふぇいんかるし[長沼町]

カウンター席もある店内

店舗の向こうが絶景に

▌窓からのパノラマ風景を楽しむ絶景カフェ

　長沼温泉のほど近く。さほど標高が高いわけではないが、店内からは正面に藻岩山、手稲山から樽前山までを見渡せる。店名のインカルシはアイヌ語で見晴らしの良いところの意味。オーナーの原優子さんの「メニューのほとんどが自家製です」というピザやパン、ブレンドコーヒーなどが味わえる。建築家が設計した店内には、近隣の作家の作品を取り入れいやしの空間になっている。

> **Data**
> 所長沼町東6線北5 ☎0123-76-7091 営11時〜18時（17時30分L.O）、月曜が祝日の場合は翌日休み

あいチュらんど あいちゅらんど[長沼町]

みんなこうして店をバックに写真を撮影

クレープなどもあるメニュー表

▌夏も冬もいつも行列が絶えないソフトクリーム店

　長沼市街地の端にあり、夏も冬も車や人でごったがえしているお店。看板メニューはバニラのソフトクリーム（330円）。しっかりコーンの根元にまでつまったソフトは食べ応えたっぷり。コーンもプラス50円で、ワッフルコーンなどに変更できる。「ちょっとそこまでは」という人向けにはミニサイズも用意されている。その他カップに入ったカップソフトやチョコレートパフェなども。期間限定メニューも人気。

> **Data**
> 所長沼町旭町南1丁目12-7 ☎0123-88-1121 営9時〜21時、年中無休

小林酒造　こばやししゅぞう [栗山町]

朱色が印象的な酒宴のようすが展示

試飲もできる北の錦記念館

老舗の酒蔵関連施設・文化を見学する

1878年（明治11年）に札幌で酒造りを始めた初代・小林米三郎氏が栗山に移転したのは1900年（明治33年）。以来、当時の建物を大切に使い、今も日本酒づくりが行われ、関連施設を見学できる。

「北の錦記念館」の1階は試飲ができる売店。2階は豪華な酒宴を再現した展示など、約5,000点を見られる。鉄路が敷かれた通路の奥には「小林家」がある。1897年（明治30年）に建てられた創業家の邸宅。現在は予約制で見学ができる。

Data
所 栗山町錦3丁目109番地　小林酒造内　☎0123-76-9292　営 10時〜17時（11月〜3月は16時まで）、無休（年末年始を除く）

酒とそば 錦水庵　さけとそば　きんすいあん [栗山町]

風格のある日本家屋が店舗

畳部屋のほか、テーブル席もある

酒造敷地内で酒とそばを古民家で味わう店

小林酒造の敷地内にあるそばとお酒の店。店舗は1926年酒造の役員住宅として建てられた古民家を利用している。酒器などが飾られ落ち着いた雰囲気。中庭を見ながらそばが味わえる。人気メニューは「錦水庵そば」（1,300円）。お酒の仕込み水で打ったそばに、エビやナスなどの天ぷらをのせた冷たいぶっかけだ。大根おろしがいい感じのアクセントになっている。季節限定メニューや、小林酒造のお酒ももちろん味わえる。

Data
所 栗山町錦3丁目93番地　小林酒造内　☎0123-73-7171　営 11時〜16時、火曜休み

夕張市石炭博物館

ゆうばりしせきたんはくぶつかん［夕張市］

炭鉱の姿と炭都夕張の歴史をリアルに伝える

炭鉱のリアルな姿をあますことなく伝える施設は、じっくりと時間をとって見学したい。2019年に「炭鉄港」として文化庁から日本遺産に認定され、炭鉱の歴史を伝える施設として存在感を一段と高めている。

館内、2階展示室のパネルなどを見た後は、地下1,000メートルへと向かうケージ（エレベーター）に乗って入坑する、といった体験がリアルで緊張感が高まる。坑道を模した地下展示室には炭鉱内で働く人々のマネキンが作業シーンごとに展示される。ボタンを押せば、作業現場の音が聞けるようにもなっている。ドラムカッターがある場所では実演運転と元炭鉱マンなどによるガイダンスが30分ごとに行われる。

2階は床にも壁にも資料展示がある

エレベーターを出ると地下展示室になっている

博物館の外観。この横に立坑も建っている

Data

所 夕張市高松7番地　☎0123-52-5500　営 4月末〜11月初旬の営業、時間は【4〜9月】10時〜17時【10〜3月】〜16時、休みは火曜、冬季休館あり（11月上旬〜4月下旬）※公式HP営業カレンダー参照

幸福の黄色いハンカチ想い出ひろば
しあわせのきいろいはんかちおもいでひろば［夕張市］

　1977年公開、数多くの映画賞を受賞した名作『幸福の黄色いハンカチ』（山田洋次監督）。高倉健演じる主人公と妻光枝（倍賞千恵子）が再会を果たした感動のラストシーンのロケ現場。2017年、施設を大きくリニューアルしている。室内には黄色の紙に幸せへのメッセージがいっぱいに貼られている。

Data
所夕張市日吉5−1 ☎080-3230-0755 営4月下旬〜11月上旬 9時30分〜17時（10月〜は16時まで）

夕張メロンドーム
ゆうばりめろんどーむ［夕張市］

　夕張メロンの管理元である夕張市農協の敷地内にある情報発信基地店。検査場に一番近いことから、店頭に並ぶのは鮮度のいい夕張メロン。店内は夕張メロンのほか、メロン関連の加工品や菓子類もある。隣接するハウスでは1回30分の夕張メロン食べ放題も大変人気となっている。

Data
所夕張市沼ノ沢213番地27 ☎0123-57-7560 営5月下旬〜8月頃まで、9時〜17時、期間中無休

いわみざわ公園バラ園 いわみざわこうえんばらえん［岩見沢市］

レストハウスでは雑貨なども販売

バラ苗や庭用品を販売する店もある

▌初夏と秋にバラでいやされるガーデン空間

　遊園地に隣接する「いわみざわ公園」にあるバラ園。約4万㎡の広い敷地内に、約630品種、約8,800株のバラとハマナスが植えられている。ウェルカムローズガーデンや整形式ローズガーデンなどが楽しめる。見頃は6月中旬から7月中旬ごろ。9月中旬から10月中旬の秋バラもみごとだ。

Data
所岩見沢市志文町794 ☎0126-25-6111（色彩館）営4月中旬頃〜11月初旬頃、9時〜17時

宝水ワイナリー
ほうすいわいなりー[岩見沢市]

　岩見沢市の宝水町の テロワール（風土）をワ インに反映させること をテーマとし、豪雪地 域の岩見沢丘陵でワイ ンづくりに挑むワイナ リー。施設には広い駐 車場があり、ショップと ギャラリースペースが ある。

Data
所岩見沢市宝水町364番3 ☎0126-20-1810 営【直売所】10時～17時、無休（4月～12月）、1月 ～3月（火・水曜休み）※ワイナリー見学も可能

ログホテル メープルロッジ
ろぐほてる　めーぷるろっじ[岩見沢市]

　岩見沢市街から旧産 炭地区方面へ車で約 20分。夕張とつなぐ道 道38号沿いにある。温 泉と宿泊、レストランな どがある複合施設。フィ ンランドサウナが気持 ちいいうえ、レストラン ではカレーやハンバー グなどが味わえる。ロ ビーでは地元の特産品 も販売されている。

Data
所岩見沢市毛陽町183番地2 ☎0126-46-2222

毛陽ふれあいの郷直売所
もうようふれあいのさとちょくばいじょ[岩見沢市]

　岩見沢市の毛陽 地区、「毛陽交流セン ター」の一角にある直 売所。地域の果樹園や 農家からの野菜や果物 が並ぶ。リンゴやナシ は9月下旬から10月下 旬が旬。果汁100％の ジュース類も販売され る。

Data
所岩見沢市毛陽町534-11 ☎0126-47- 3175 営9時～16時、4月下旬～11月中旬、営 業期間中無休

山﨑ワイナリー
やまざきわいなりー[三笠市]

　三笠IC近く、達布山 の小高い丘の上にある ワイナリー。4代続く農 家がブドウづくりをは じめたのは1998年。 2002年に初ワインを 出荷し、少量ながら高 品質なワインをリリー スしている。

Data
所三笠市達布791-22 ☎01267-4-4410 営 【ショップ営業】土・日・祝日のみ10時～17時（11 月～3月は10時～15時）※圃場見学は一部のみ 可

道央

道南

道北

オホーツク

釧路・根室

十勝

やき鳥 たつみ
やきとりたつみ[美唄市]

　美唄市の中心部にある老舗の飲食店。美唄の名物・ソウルフードが味わえる。ランチメニューは4つのセットがある。Bセット「たつみ定食」（940円）はそば（かしわ、月見、天ぷらから選ぶ）ととり飯、焼きとり2本（もつか精肉を選ぶ）に加えて冷奴と漬物がセットされる。

Data
所美唄市西1条南1丁目1-15 ☎0126-63-4589 営11時～21時、火曜休み

宮島沼
みやじまぬま[美唄市]

　美唄市郊外、月形町と境界をなす石狩川の近くにある沼。このラムサール条約登録湿地に、春と秋をピークに6万羽以上のマガンが飛来する。夕方になるとあちこちから次々とねぐら入りし、早朝に一斉に飛び立つ姿は圧巻の光景。「宮島沼水鳥・湿地センター」があり、マガンの情報発信を行っている。館内からも観察が可能だ。

Data
所美唄市西美唄町大曲3区 ☎0126-66-5066（宮島沼水鳥・湿地センター）営9時～17時（マガン最盛期は開館時間を延長）、月曜日、祝日の翌日、年末年始（12月29日～1月3日）休館

カフェ・ストウブ
かふぇすとうぶ[美唄市]

　美唄名産アスパラの出荷時に切り落とされる根元部分を飼料に「アスパラひつじ」を育てる西川崇徳さんと、東京でベーカリーやカフェに勤務していた石井賢さんが出会い出店した店。手造りの石窯で焼いたハード系パンをメインに、美唄の食材などを使ったプレート料理が食べられる。

Data
所美唄市西5条北5丁目5-5 ☎0126-35-4077 営【販売】10時～18時、【食事】平日10時～15時、土日11時～18時、月曜・火曜休み

和風ドライブイン しらかば茶屋
わふうどらいぶいんしらかばちゃや[美唄市]

　美唄市街と奈井江市街の中間地点、茶志内の国道12号沿いにある店。前日の夜から8時間じっくりと煮込んだ鶏ガラと野菜のスープをベースにとりめしを炊く。ラーメンのスープも鶏ガラを使う。このラーメンととりめしのセット（1,000円）が人気。とりめし弁当（550円）をテイクアウトする目的だけに立ち寄る客も多い。

Data
所美唄市茶志内町日東入口 ☎0126-65-2768 営11時～18時、第1・3・5火曜休み

情報発信基地　AKABIRAベース
じょうほうはっしんきち あかびらべーす[赤平市]

テレビ番組の紹介コーナー

外観は遠くからでも良く目立つ

▌赤平の野菜と特産品が並ぶ道の駅のような施設

国道38号沿い、エルム高原温泉やキャンプ場方面へと入る交差点近くにあるアンテナショップ。店内はテイクアウトコーナーと地元野菜類の販売コーナーが中心だ。赤平情報発信コーナーには赤平で撮影が行われたテレビ番組「水曜どうでしょう　北海道で家、建てます」紹介コーナーなどがある。テイクアウト品の「ホットレッグ」（400円）はジューシーな鶏足の唐揚げ。アツアツが食べられる。

Data
所 赤平市幌岡町54　☎0125-32-6760　営10時〜17時（5月〜9月は18時まで）、火曜定休だが水曜も休む月あり、7〜9月は定休なし

赤平市炭鉱遺産ガイダンス施設
あかびらしたんこういさんがいだんすしせつ[赤平市]

実際に使われていた炭鉱関連品を展示

施設は赤平市街にほど近い

▌赤平の貴重な炭鉱遺産をガイドが案内する

かつて「東洋一」と謳われた旧住友赤平炭鉱立坑櫓などの、建屋内部を見学するための拠点施設。実際に炭鉱で働いていた人を中心としたガイドの解説を約90分、聞きながら見学できる。常設展示は炭鉱歴史資料館から移設したおよそ200点の資料を展示しており、入場無料で見学できる。（ガイド付きの見学は有料）

Data
所 赤平市字赤平485番地　☎0125-74-6505　営9時30分〜17時、月曜・火曜休み

安田侃彫刻美術館 アルテピアッツァ美唄
やすだかんちょうこくびじゅつかんあるてぴあっつぁびばい［美唄市］

アートと自然が融合する、どこかなつかしい空間

　炭鉱の閉山で子どもが減り廃校した旧栄小学校。ここを活用し、世界的な彫刻家・安田侃さんの作品40点ほどを常設展示する、入場無料の野外彫刻美術館。名前はイタリア語で「芸術広場」という意味が由来だ。

　木造校舎の中に入ると、どこかなつかしい空間。元教室のギャラリーには白大理石の作品がさりげなく置かれ、アートな空間になっている。窓からは芝生の緑まぶしい広場がよく見え

る。教室や廊下の常設展示のほか、貸しギャラリーもあっていろいろな作品を見ることができる。旧体育館のアートスペースはトラス組みと呼ばれる当時の意匠建築が印象的な大空間。流路と池がある「水の広場」はまっ白な大理石がまぶしいほど輝く水

辺の空間で、子どもたちは水に入って自由に遊ぶことができる。「トリフォリオの広場」や「天翔の丘」など、広い敷地内には作品が点在し、自然と一体になっている。一つひとつ、散歩感覚でじっくりと見て感じていきたい。

　「ゆっくりお茶が飲めるスペー

安田作品がさりげなく置かれた空間

旧教室の窓からは広場が見える

元体育館は大空間のまま再利用

イベントや教室などが開催されるストゥディオアルテ

水が流れる気持ちのいいアート

カフェアルテでは一休みができる

Data

所美唄市落合町栄町 ☎0126-63-3137 営9時〜17時、火曜と祝日の翌日(日曜は除く)と12月31日〜1月3日休み

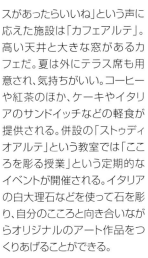

スがあったらいいね」という声に応えた施設は「カフェアルテ」。高い天井と大きな窓があるカフェだ。夏は外にテラス席も用意され、気持ちがいい。コーヒーや紅茶のほか、ケーキやイタリアのサンドイッチなどの軽食が提供される。併設の「ストゥディオアルテ」という教室では「こころを彫る授業」という定期的なイベントが開催される。イタリアの白大理石などを使って石を彫り、自分のこころと向き合いながらオリジナルのアート作品をつくりあげることができる。

立ち寄りスポット

炭鉱メモリアル森林公園

アルテピアッツァ美唄から東に車で10分ほど道道135号を進むと、かつて三菱美唄炭鉱があった場所の一部を整備した公園がある。当時使われていた立坑巻き上げ機が塗装し直された状態で2機保存。往時の姿を今に伝えている。

ピパの湯 ゆ〜りん館

美唄市内にある温浴施設。イタリア・カプリ島の「青の洞窟」をイメージした露天風呂が有名。美唄の朝採り農産物直売所「ぴばま〜と」もロビーで展開されている。

旧赤間炭鉱ズリ山展望広場
きゅうあかまたんこうずりやまてんぼうひろば [赤平市]

北炭赤間炭鉱坑内から出た石を積み上げたズリ山は、高さ197.65メートル。登る階段数は777段と日本一。頂上の展望広場からは、赤平市内、芦別岳、十勝岳などを一望できる。

Data
所赤平市字赤平693番地1 ☎0125-32-1821
（赤平市建設課管理計画係）

浦臼神社
うらうすじんじゃ [浦臼町]

道の駅の裏手、小高い丘の上にある神社。道の駅から階段を上って歩いて行ける。神社は1910年（明治43年）に落成した歴史ある建物。春は境内一面にエゾエンゴサクとカタクリが咲き、餌付けされたエゾリスが顔を出す。そのメルヘンチックな絵を撮ろうと、多くのカメラマンが集まる名物スポットでもある。

Data
所浦臼町黄臼内 ☎0125-68-2114（浦臼町役場産業課 商工観光係）

中西サクランボ園 なかにしさくらんぼえん [芦別市]

お持ち帰り用のサクランボ

園内入り口、昔ながらの建物

強烈な甘さのオリジナル品種が味わえるサクランボ園

「南陽」「平和錦」といったサクランボの希少品種があるほか、「パープル」といってカロチンを含み、糖度24〜30度という強い甘さが人気のオリジナル品種が植えられている。サクランボ狩りは時間制限なしの園内は食べ放題。雨よけハウスもあるので雨天でも安心だ。お持ち帰りは別途受け付ける。

Data
所芦別市上芦別町461-6 ☎0124-23-0658

大橋さくらんぼ園　おおはしさくらんぼえん[芦別市]

日本一広い農園で甘いサクランボを味わう

　斜面一面にあるサクランボ畑は47,000㎡と札幌ドームよりも広く、日本一の広さを誇る。果樹園全体を覆うビニールハウスのおかげで雨の日でもサクランボ狩りが楽しめる。園内には50種類ほどの品種が植えられ、品

園内入り口、ここで入場券を購入

種ごとに収穫時期が異なる。園内には案内スタッフが巡回し、収穫の方法などを教えてくれる。売店ではお持ち帰りのサクランボが販売されるほか、ジャムやビネガー（酢）といった加工品も販売されている。随所に工夫や親切な案内があるなど気持ちがいい観光農園だ。

国道452号沿いの三段滝直売所もある

加工品もいろいろあって楽しい

果樹園の全景、すべてに雨よけがある

Data
所芦別市上芦別町469 ☎0124-23-0654 営【7月上旬～8月下旬　サクランボ狩り9時～17時※休業日、営業時間はシーズン、作物による

道の駅スタープラザ芦別

みちのえきすたーぷらざあしべつ[芦別市]

道の駅1階の売店コーナー

広い駐車場がある道の駅

▌ソウルフードガタタンを 味わい地元野菜も買える

芦別市の市街地にある道の駅。広い駐車場はバイクやトラックなどでいつも賑わっている。館内1階は芦別の特産品が並ぶ売店と窯焼きピザ店がある。2階のレストランでは、芦別の郷土料理で具だくさんのとろみのあるスープ「ガタタン」が味わえる。

敷地内には、農業生産法人つばさ農園が運営する直売所がある。夏はメロンやスイカ、サクランボなどをメインに地元の野菜や加工品、バッグや帽子といった手芸品も販売されている。

Data
所 芦別市北4条東1丁目1番地 ☎0124-23-1437 営9時～18時(4月・10月)、～19時(5月～9月)、～17時(11月～3月)※変更の場合あり

ローズガーデンちっぷべつ

ろーずがーでんちっぷべつ[秩父別町]

奥に見えるのがバラの城ふろーら

噴水がある修景池の上には展望台も

▌パーキングエリア隣接のバ ラが咲き誇る魅惑の庭園

総面積約5.4ヘクタールの敷地内のうち、植栽面積3,000平方メートルほどに、約300種類・3,000株ほどのバラが咲き誇る庭園。深川・留萌自動車道の秩父別パーキングエリアからも徒歩で行ける。園内は散策路が縦横にあり、バラ園を1周できるようになっている。「バラの城ふろーら」では休憩スペースが利用できるほか、バラの香りがするソフトクリームなどが販売される。

Data
所 秩父別町3条東2丁目 ☎0164-33-3375 営6月下旬～10月上旬、9時～17時(入園は16時45分まで)

北竜町農畜産物直売所 みのりっち北竜 ほくりゅうちょうのうちくさんぶつちょくばいじょ みのりっちほくりゅう[北竜町]

糖度15度にまで達するひまわりメロン

開放的な直売所の外観

■ ひまわりを冠にした地元名産品が並ぶ直売所

道の駅「サンフラワー北竜」の敷地内にある直売所。出品している農家は40軒ほど。葉物野菜類はもちろんのこと、夏場は北竜町名産「ひまわりすいか」や「ひまわりメロン」が並べられる。第46回日本農業賞で、長年の取り組みが大賞を受賞した「北竜ひまわりライス」(おぼろづき、ゆめぴりか、ななつぼし)も販売される。ぜひ買っていきたい。

Data
所 北竜町板谷338-5 道の駅「サンフラワー北竜」敷地内 ☎0164-34-2455 営季節によって営業時間変更あり

秩父別町

雨竜沼湿原 うりゅうぬましつげん[雨竜町]

国内有数の山岳湿原地帯で清涼な風を感じる

北海道遺産認定、ラムサール条約登録湿地。北海道を代表する山岳湿原であり、「北海道の尾瀬」とも呼ばれる水と花の楽園だ。このように表現すると簡単にアクセスできると思うかもしれないが、湿原にたどり着くには本格的な登山装備が必要だ。

雨竜市街から約26キロ。細い砂利道と舗装道路が混じる道路を進むとゲートパークと呼ばれ

湿原入り口にある湿原テラス

登山道の後半、水場が見えたら湿原は近い

る管理棟などがある。ここで入山届と18歳以上の登山者のみ、かつ任意で環境美化整備等協力金（500円）を支払う。トイレに寄って登山開始だ。

第1吊橋、白竜の滝、第2吊橋を超えると勾配がきつい岩場の登りとなる。ジグザグに高度を上げていった先に湿原が見え、標高850メートルの湿原テラスに到着する。ここまで約2時間の登山。広い雨竜沼湿原には1周4キロほどの木道が整備されてい

ウリュウコウホネが見られる大きな池塘

る。ペンケペタン川の原始の流れや、大小741ともいわれる池塘（池）が見られ、エゾカンゾウなどの季節の草花が迎えてくれる。木道は平坦。途中、展望台への道もある。1時間ほどで回ってきて、下山はさらに1時間半ほどかかる。コース開設は6月下旬～10月上旬の期間。（積雪状況による）

Data
所雨竜町 ☎0125-77-2248
（雨竜町役場産業建設課）

北竜町ひまわりの里 ほくりゅうちょうひまわりのさと[北竜町]

丘一面が黄色に、元気印のひまわりが咲き誇る

北竜町のまちの郊外に真夏の太陽を浴びて元気に咲き誇るひまわりの丘がある。札幌ドーム4個分ほどの広さの丘に、約200万本が咲く。東向きの斜面に植えられていることから、晴れの日の午前中は一段と黄色が映える。例年7月中旬〜8月中旬に開催される「ひまわりまつり」はひまわり迷路や遊覧車のほか、期間限定イベントも行われる。

Data
所北竜町板谷 ☎0164-34-6790(北竜町役場産業課) 営ひまわりまつり 7月中旬〜8月中旬(期間外も見学可)

道の駅 鐘のなるまち・ちっぷべつ
みちのえき かねのなるまち・ちっぷべつ[秩父別町]

国道233号から曲がれば、鐘をつけた大きなアーチ状の歓迎モニュメントが迎えてくれる。高さ100フィート(30.48メートル)の「開基百年記念塔」だ。121段あるらせん階段は少々大変だが、ぜひ上ってその眺めを堪能しつつ、展望室にある「しあわせの鐘」を鳴らしてみたい。「特産物展示館」は地元の野菜と加工品が並んでいる。特産のブロッコリーを使ったラーメンやカステラが人気だ。

Data
所秩父別町2085 ☎0164-33-3902 営9時〜17時(4〜10月)、〜16時(11〜3月)。休11月〜3月は火、年末年始

道の駅「サンフラワー北竜」

白老たまごの里マザーズよこすと食堂

しらおいたまごのさとまざーずよこすとしょくどう[白老町]

■ こだわりのタマゴを味わえ買えるくつろぎの店

きれいに管理された芝生地にスタイリッシュなシルバーの三角の建物。グッドデザイン賞を受賞した館内では、自社生産の自慢のタマゴが買えるほか、タマゴの生産工場の一端をガラス越しに見学することができる。レストランではこのタマゴを使った「たまごかけごはん」や「親子丼」「オムライス」などのタマゴ料理のメニューがある。シュークリームなどスイーツも人気。きれいな中庭を眺められるカウン

自社のタマゴはぜひ買っていこう

ター席が一列に並んでいる。敷地内のソフトクリーム店も行列ができている。

きれいに管理された芝生地

Data

所白老町字社台289番地8(よこすと食堂)白老町字社台289番地1(マザーズプラス)☎0144-84-7758(よこすと食堂)0144-82-6786(マザーズプラス)営【よこすと食堂】10時〜16時、レストラン 11時〜L.O.平日14時、土日祝14時30分、第1・3火曜休み(祭日の場合は営業)【マザーズプラス】10時〜18時

民族共生象徴空間（ウポポイ）
みんぞくきょうせいしょうちょうくうかん（うぽぽい）［白老町］

アイヌ文化を知り学び味わい、伝統芸能を堪能する

アイヌ文化の復興・発展と、差別のない多様で豊かな社会を築いていくための象徴となる空間。ポロト湖のほとりにある「国立アイヌ民族博物館」「国立民族共生公園」「慰霊施設」の3つから構成される。名前のウポポイとはアイヌ語で「（おおぜいで）歌うこと」を意味する。

国立アイヌ民族博物館は2階建て。伝統的なアイヌ文化や現代の文化などを多彩な展示で紹介する。「私たちのことば」「私たちの世界」「私たちのくらし」「私たちの歴史」「私たちのしごと」「私たちの交流」という6つのテーマから資料を展示している。1階には座席数96席のシアターと、ミュージアムショップがある。

敷地内、東側の家屋が並ぶ一帯は「テエタ カネ アン コタン（伝統的コタン）」と呼ばれる一帯が整備。アイヌ民族の昔のチセ（家屋）が5棟再現され生活空間を体感できるほか、解説プログラムも開催されている。

国立アイヌ民族博物館の外観

Data
所 白老町若草町2丁目3 ☎
0144-82-3914 営公式HP
で確認、大人1200円、高校生
600円、中学生以下無料※料金
は特別展を除き博物館入場料を
含む

ポロト湖に面してチセ（家屋）が並ぶ

白老駅北観光インフォメーションセンター(ポロトミンタラ)

しらおいえききたかんこういんふぉめーしょんせんたー(ぽろとみんたら) [白老町]

駐車スペースは80台ある

イートインスペースにはカウンターも

白老情報が集まり地元グルメが販売される施設

ウポポイのすぐ近く、白老観光協会が運営する観光インフォメーション施設。おみやげ物販コーナーと軽食販売、イートインスペースがある。トイレが24時間使えることもあり、ちょっとした道の駅のようだ。たらこや明太子といった加工品や、クッタラ湖の伏流水で育てたチョウザメの「白老カムイキャビア」といった珍しいものも販売している。

Data
所 白老町若草町1丁目1-21☎0144-82-2216 営9時～18時(11月～3月は～17時)、年末年始(12月29日～1月3日)休み、11月～3月は売店のみ月曜休み

ファームレストラン ウエムラ・ビヨンド

ふぁーむれすとらん うえむら・びよんど [白老町]

白老牛を炎で焼き上げたステーキや寿司が味わえる

旧マザーズスイーツ館。白老牛を生産するウエムラ牧場が経営する店。ステーキやハンバーグといった単品のほか、コース料理などを提供するレストラン。ユニークな「ステーキ寿司」があり、サーロイン、モモ、カルビの組み合わせが楽しめる。スタッフはフレンドリー。客を楽しませる工夫が随所にあってうれしい気持ちにさせられる。

広い駐車場があって便利な店舗

店内は落ち着いた雰囲気だ

サーロインとモモの2貫(880円)

Data
所 白老町字社台289番地8 ☎0144-84-3386 営11時～20時、無休

たらこ家虎杖浜／松田水産
たらこやこじょうはま／まつだすいさん［白老町］

自社製造のたらこ製品がいろいろある

店舗の目の前はどーんと太平洋だ

▌目の前が海、大正2年創業の老舗水産会社の直売所

創業は1913年（大正2年）。100年以上の歴史を有する老舗。目の前の虎杖浜沖で水揚げされたスケソウダラを買い付け、自社工場で生産されたたらこが買える直売店。店内には虎杖浜たらこなどをはじめ干物や加工品が並ぶ。小さいながらも飲食コーナーもある。店舗は道路を挟んで太平洋に面する。買い物ついでに一休みしていこう。

Data
所 白老町字虎杖浜185番地7
☎0144-87-3892 営【販売】9時～17時【食事】平日11時30分～14時30分、土日祝11時～14時30分

登別地獄谷
のぼりべつじごくだに［登別市］

をトレッキングすることができる。木柵枠が整備された遊歩道は長さ約600メートル。終点は地獄谷の中央部分に相当し、数分おきに間欠泉が見られる鉄泉池がある。高温の湯がポコポコと湧き出るようすは見ていて飽きない。ここの湯が温泉街で利用されている。

▌この世の風景とは思えないまさに地獄のような場所を歩く

登別温泉街の通りを上って、白や茶褐色の地面からもうもうと湯気が立ち上る場所。いたるところで温泉や噴気があがる爆裂火口群があり、まさに地獄を思わせるような雰囲気になっている。硫黄臭がただよう中、地獄谷遊歩道

Data
所 登別市登別温泉町無番地 ☎0143-84-3311（登別国際観光コンベンション協会）

大湯沼川天然足湯

おおゆぬまがわてんねんあしゆ［登別市］

デッキに座って温泉を楽しむ

場所によって温度が変わる川の温泉

▌天然の温泉が流れる川にある無料の足湯スポット

「大湯沼」の観光駐車場に車

足湯に流れる温泉はこの大湯沼から

を停め、歩いて約15分。「天然足湯へ」の案内看板があり、森の中を下っていくと温泉臭がただよう天然の足湯スポットが現れる。ここは大湯沼から流れ出るお湯の川を利用したもの。場所によって微妙に湯加減が変わっておもしろい。川辺に丸太でつくられたデッキに座り、温泉が流れる川に足を浸すことができる。周囲は木々に覆われた森の中。春は新緑、秋は紅葉と森林浴とあわせてぽかぽか気分を楽しめる。足ふきのタオルを持参するといいだろう。なお、大湯沼駐車場を起点とする散策路とは別に、川下側にあたるホテル「石水亭」方面から歩いて行くこともできる。

▌**Data**
所 登別市登別温泉町無番地 ☎
0143-84-3311（登別国際観光コンベンション協会）

とうや・水の駅 とうや・みずのえき[洞爺湖町]

広々とした空間

地元で採れた新鮮野菜

▌ 売店と食堂があり、インフォメーションコーナーとして機能する施設

旧洞爺村エリア、洞爺湖の北側にある複合施設。道の駅のような雰囲気だ。館内入ってすぐの場所には観光案内とその窓口が

ある。吹き抜けになったホールからは目の前に洞爺湖。右手には野菜などの直売コーナーがあり、地元の野菜や加工品などが並ぶ。左手は喫茶＆軽食コーナーになっていて、各種メニューが味わえる。

Data
所洞爺湖町洞爺町100 ☎0142-89-3108 營9時〜18時（10〜3月は〜17時）、4〜10月無休、11〜3月は毎週月曜休館

洞爺湖芸術館 とうやこげいじゅつかん[洞爺湖町]

ゆっくりアートな空間を楽しめる

元の役場庁舎が生まれ変わった

▌ 洞爺湖を間近で望める静かですてきなアート空間

洞爺湖の北側にある集落内の美術館。和洋折衷の建物は旧洞爺村の役場庁舎を改修したもの。館内には北海道を代表する彫刻家・砂澤ビッキの作品と、「洞

爺村国際彫刻ビエンナーレ」の作品、ユネスコ世界文化遺産主席写真家を務めた並河萬里の写真のほか、日本の近・現代文学のコレクションを展示している。2階の窓からは洞爺湖が一望できるすてきな空間になっている。

Data
所洞爺湖町洞爺町96番地3 ☎0142-87-2525 營9時30分〜17時【受付は閉館30分前まで】月曜休館（月曜が祝祭日の場合は翌日）※冬季12月1日〜3月31日休館

119

道の駅だて歴史の杜
みちのえきだてれきしのもり[伊達市]

道の駅になっている「伊達市観光物産館」は地元の野菜がいっぱい並ぶ店。地元の農家約80戸から運ばれる野菜類は各農家ごとにスペースが分かれ、顔写真とこだわりなどが書かれている。

Data
所 伊達市松ヶ枝町34番地1 ☎0142-25-5567（道の駅）営【道の駅】9時〜18時【テナント】9時〜18時（4月〜11月）、9時〜17時（12月〜3月）※隣接する施設はそれぞれ異なる

レークヒル・ファーム
れーくひる・ふぁーむ[洞爺湖町]

洞爺湖を見下ろす「サイロ展望台」近くにあるジェラート店。牧場のしぼりたて牛乳を使った20種類以上から選べる。開放的な屋外テラス席は雰囲気抜群。

Data
所 洞爺湖町花和127 ☎0142-83-3376 営【夏期（GW〜9月末）】9時〜18時【冬期（10月〜4月末）】9時〜17時

道の駅あぷた
みちのえきあぷた[洞爺湖町]

国道37号沿い、虻田漁港越しに内浦湾を眺められる高台に建つ道の駅。テラス風の飲食席が海側にあり、雄大な風景が楽しめる。人気はなんといっても「ウニ丼」

漁港越しに内浦湾が一望できる（2,500円）だ。

Data
所 洞爺湖町入江84番地2 ☎0142-76-5501 営9時〜18時（4〜9月）、9時〜17時（10〜3月）、年末年始（12月30日〜1月5日）休み、1月、2月は火曜定休日

道の駅そうべつ情報館i（アイ）
みちのえきそうべつじょうほうかんあい[壮瞥町]

洞爺湖近く、国道453号沿いにある道の駅。広くて明るい館内の一角に、そうべつ農産物直売所「サムズ」がある。レジ4台が置かれ、ちょっとしたスーパーのような雰囲気。季節の野菜が置かれ、リンゴジュースなどの加工品コーナーも充実している。

Data
所 壮瞥町字滝之町384番地1 ☎0142-66-2750 営9時〜17時30分（冬期は17時まで）、火曜（11月16日〜3月31日のみ）と年末年始（12月31日〜1月5日）休み

地球岬
ちきゅうみさき［室蘭市］

　海抜130メートルほどの高さから太平洋を一望できる国内でも有数のビュースポット。展望台からは眼下にチキウ岬灯台が見え、その向こうに弧を描く水平線と大海原が見える。ちなみに名前は、アイヌ語で「断崖」を意味する「チケプ」に由来。「チケプ」から「チキウ」、そして「地球」の漢字が当てられた。

Data
所室蘭市母恋南町4丁目（展望台）☎0143-23-0102（室蘭観光協会）

天勝
てんかつ［室蘭市］

　創業は1920年（大正9年）。かつて昭和天皇も食したという室蘭人の自慢の店。江戸前の天ぷらを三代目が引き継ぐ。店内は正統派の風情。

Data
所室蘭市中央町2丁目3-16 ☎0143-22-5564 営11時〜17時30分くらいで閉店※閉店時間が早い時もあり、木曜定休

小幌駅
こぼろえき［豊浦町］

　「日本一の秘境駅」として知られる室蘭本線の無人駅。トンネルとトンネルの間、わずか80メートルほどの切れ間にある。普通列車が1日数本停まるのみだ。普通列車に乗って、帰りの時刻を確認してから出発しよう。

Data
所豊浦町字礼文華 ☎0142-83-1408（豊浦町役場水産商工観光課観光係）

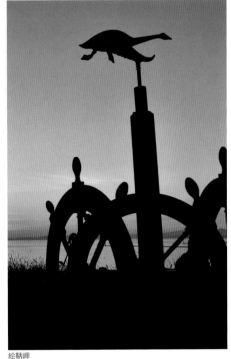

絵鞆岬

有珠山ロープウェイ

うすざんろーぷうぇい[壮瞥町]

新しくできた絶景を楽しむ Mt.USUテラスが心地いい

96人乗りの大型ゴンドラに乗り、片道約6分。ぐんぐんと高度を上げていき、昭和新山を眼下に、洞爺湖を上空から眺めることができる。ロープウェイの山頂駅には「Mt. USU Terrace」が2021年にオープン。木製のデッキがつくられ、そこに置かれたイスに座ってくつろげる天空テラスが誕生した。さらにそこから130段ほど階段を上ると有珠山火口原展望台に到着する。1977年の山頂噴火でできた「銀沼大火口」と噴火湾の絶景が現れる。

ロープウェイの山麓施設「火山村」にはおみやげ品の売店のほか、入場無料の「噴火体験室」などもある。行き帰りには昭和新山を間近で見て、自然の威力を感じていこう。

カフェもあるのでドリンク片手に

1,370メートルの山頂駅まで約6分で結ぶロープウェイ

畑が隆起した奇跡の火山、昭和新山

Data

所 壮瞥町字昭和新山 184-5
☎ 0142-75-2401　営 8時
～18時（季節により変動あり）

サイロ展望台

さいろてんぼうだい［洞爺湖町］

■ 洞爺湖を高台から見下ろす絶景ビュースポット

洞爺湖を高台から一望できるビュースポット。国道230号沿い、赤色の牛舎型の建物とサイロが目印だ。建物の中は売店になっていて、洞爺湖にちなんだみやげ品が販売される。建物裏手には、まるで洞爺湖に飛び込むかのようなスケールで湖の絶

みるくプリン

景が広がる。すぐ横には木製テラスが新設され、ゆっくりとこの風景を眺めることができるよう

テラス席コーナーは特等席だ

になっている。GWからはこの場所からヘリコプター遊覧のスカイクルージングも運行される。

テイクアウト専門のカフェもある

国道に面して広い駐車場がある

Data
所 洞爺湖町成香3-5 ☎
0142-87-2221 営8時30
分〜18時（11月〜4月は
〜17時）、不定休

123

室蘭夜景・夕景／測量山展望台ほか

むろらんやけい・ゆうけい／そくりょうざんてんぼうだいほか［室蘭市］

▌港湾や巨大吊り橋、工場と合わせた夜景鑑賞スポット

近年、工場夜景が脚光をあびる室蘭市。工業・港湾都市にあって、複雑な地形による景勝地が多いことから、夜景スポットも数多く存在する。代表的な場所を紹介しよう。測量山展望台は市内を一望できる展望台。標高は199.6メートルとさほど高くは

大黒島（右）と中央は恵比寿島

ないものの、白鳥大橋越しに羊蹄山が見えるほか、駒ヶ岳や恵山岬までも見渡せる。日本13大工場夜景の一つにも選ばれている。

夕景の名

所として知られるのは絵鞆岬。岬の突端に駐車場とモニュメントがあり、その先に展望台が整備される。ここからは大黒島が見える。「室蘭八景」のひとつだ。

測量山展望台から室蘭港方面を望む

Data
所室蘭市清水町１丁目 ☎
0143-23-0102（室蘭観光協会）

海の駅ぷらっとみなと市場 うみのえきぷらっとみなといちば[苫小牧市]

苫小牧グルメの殿堂施設、市場の賑わいが楽しい

　苫小牧市の西港近く。大きな駐車場に建物が2棟並んで建っている。中は市場の活気。午前中から賑わっている。ルーツは1954年(昭和29年)、苫小牧駅前にあった朝市に始まる。この地に移転しても、そのにぎわいは変わらない。鮮魚店に青果店、食堂やラーメン店。おみやげ店に軽食喫茶。個性あふれる21店舗が、

活気がある館内

それぞれ自慢の商品やメニューで勝負している。観光市場にありがちな、余計な声がけなどは一切ない。じっくりと気に入ったものを選ぶことができる。敷地内に

100台は軽く停められる駐車場あり

は「ぴんころ地蔵」があり、その横には日本一の水揚げを誇るホッキ貝の「ほっき貝資料館」がある。こちらもユニークな資料館になっている。その遊び心をとくと楽しみたい。

ほっき貝資料館は必見だ

食堂街のメニューは多彩

Data
所 苫小牧市港町2-2-5 ☎
0144-33-3462 営 7時～
16時、水曜休み（祝日の場合
は全店営業）

125

ノーザンホースパーク のーざんほーすぱーく［苫小牧市］

ガーデンは16のエリアからなる

おみやげショップも充実している

馬に親しみガーデンも充実のテーマパーク

新千歳空港近く、乗馬体験や、ガーデン散策などができる馬をメインにしたテーマパーク。約20分間の「ハッピー ポニーショー」は1日2〜3回開催。ポ ニーの楽しい技が人気のショーだ。大きな馬がひく観光馬車に乗って園内をぐるりと回った後は1万坪の広いガーデンを散策しよう。1,000品種ほどの草花が季節ごとに花を咲かす。園内にはガーデンレストランやカフェコーナーなどもある。

Data
所 苫小牧市美沢114-7 ☎0144-58-2116 営9時〜17時、大人（中学生以上）800円、小人（小学生）400円※小学生未満 通年無料（営業期間、料金は季節により異なる）

イコロの森 いころのもり［苫小牧市］

ガーデン内はエリアで分かれている

「チセ」では自家焙煎のコーヒーのほか、モーニングやランチタイムの食事もある。隣の敷地には乗馬クラブ「リーフ」が営業。馬場でのレッスン後、この森でトレッキングも楽しめる。

11のエリアが楽しめるガーデンとショップを併設

千歳方面からウトナイ湖の手前、国道36号を右折し森の中の道を進んだ先にある。美しいガーデンとガーデナーによるセレクト ショップとカフェレストランが楽しめる。無料で利用できるエリアとガーデンは有料エリアにある。

ガーデンにはバラが咲くローズガーデンや、ナチュラルガーデンなど11のエリアがある。三角屋根がかわいいカフェレストラン

Data
所 苫小牧市植苗565-1 ☎0144-52-1562 営4月21日〜10月31日、9時〜17時※11月1日〜4月20日は冬期休業

樽前ガロー
たるまえがろー[苫小牧市]

を侵食してできた独特のものだ。ガローとは切り立った崖という意味。苫小牧市の自然環境保護地区に指定される。付近にはヒグマの出没があることから、鈴などの対策をして見学したい。現在は岩盤の崩落の危険があるため、川には降りないようにしよう。

水と緑と岩が織りなす渓谷美を眺める

苫小牧の錦大沼公園近く、緑一面におおわれる神秘の渓谷がある。樽前山から流れ出る樽前川の流れがつくりだすコケむす函地形。水の流れが溶岩の大地

Data
所 苫小牧市樽前
☎0144-32-6448(苫小牧市産業経済部観光振興課)

道の駅むかわ四季の館
みちのえきむかわしきのやかた[むかわ町]

シシャモのまち、むかわ町の道の駅。館内には、シシャモ関係の特産品が買えるほか、食事処「たんぽぽ」ではシシャモなど魚介類などを炭火で焼いて味わう

道の駅館内から温泉へと入れる

ことができる。「むかわ温泉四季の湯」もある。

Data
所 むかわ町美幸3丁目3番地1 ☎0145-42-4171 営【売店】8時〜21時【レストラン】11時〜20時【温泉】10時〜22時、年中無休

カネダイ大野商店
かねだいおおのしょうてん[むかわ町]

1923年(大正12年)に創業、100年を迎えたシシャモ加工の専門店。毎年10月〜11月のシシャモ漁期にはオスメス別のシシャモが店の外にすだれ状に干され、店内ではホットプレートで焼いて食べることができる。

Data
所 むかわ町美幸2丁目42番地 ☎0145-42-2468 営【1〜9月】10時〜17時、日曜定休【10〜12月】9時〜17時

ぽぽんた市場
ぽぽんたいちば[むかわ町]

むかわ町の中心部にあって、地元むかわの特産物が並ぶ。店内中央にレジがあり、右側は野菜がメインのコーナー。奥には生魚や加工品が販売される。左側はシシャモコーナーがあり、むかわの名物が買える。その横にはカウンター席のみの飲食店が入る。

Data
所むかわ町松風3丁目1番地 ☎0145-42-2133 営10時〜17時、年末年始休業

二十間道路
にじゅっけんどうろ[新ひだか町]

静内地区の国道から5キロほど内陸に入ったところにあるサクラ並木。道路の幅がちょうど20間(約36メートル)あることからその名がついた。1903年(明治36年)、新冠御料牧場の視察に訪れる皇族方を迎えるために造られた約7キロの道。道の両側にはエゾヤマザクラなど2,000本ほどが植えられ、5月上旬には一斉に花を咲かせる。

Data
所新ひだか町静内田原〜静内御園 ☎0146-42-1000(新ひだか観光協会)

二風谷コタン にぶたにこたん[平取町]

チセの中で作業をする様子を見学可能

能だ。道路を渡って、平取町アイヌ工芸伝承館「ウレシパ」では工芸品にふれることができ、体験プログラムも提供する。その他、平取の母なる川の今と昔を伝える「沙流川歴史館」も興味深い。

▌アイヌ文化を多方面から見学できる施設群がある

国道237号沿い、アイヌ文化などを見学できる施設が集まるエリアがある。「二風谷アイヌ文化博物館」はアイヌ文化を正しく受け継ぎ、未来へと伝える施設。暮らしや、造形の伝統といったものを紹介している。敷地内にはチセというアイヌ民族の伝統的な家屋の見学が可

Data
所平取町二風谷55、ほか ☎01457-3-7703(平取町役場観光商工課)営開館時間、休館日は各施設により異なる

太陽の森ディマシオ美術館 たいようのもりでぃましおびじゅつかん[新冠町]

レストラン

世界最大級の仏作家の油絵を飾る私設美術館

フランスの幻想画家ジェラール・ディマシオ氏の作品、約200点をテーマごとに展示する美術館。国立公園となる日高山脈と世界で活躍する多くの競走馬を輩出した牧場に囲まれる。現在は2代目が館長として管理運営している。世界最大級の高さ9メートル、幅27メートルに及ぶ圧倒的な迫力の油絵が展示され、光と音の演出プログラムが上映される。ガーデン部分を挟んだ敷地内には元プールを再利用した「ガラスの美術館」もあり、ガラス芸術家ルネ・ラリックの作品などが展示される。

本格パスタ。食事のみの利用も可能

Data
所 新冠町太陽204番地の5 ☎0146-45-3312 営 3月〜12月中旬 9時30分〜16時30分、月・火・水曜休み（GW、夏休みなどは無休）

道の駅樹海ロード日高「さるくる」 みちのえきじゅかいろーどひだか さるくる[日高町]

日高の味を手軽に味わえる

地元有志が立ち上げたお店がどんどん進化する

国道274号沿い、日高町のまちなかにある道の駅。この道の駅内に2020年4月にオープンしたショップ＆コミュニティスペース「さるくる」が進化している。店舗には、地元・日高産の野菜類がたくさん並ぶ。近くにあった野菜直売所が閉店したこともあり、近隣の農家さんが売り場を求めて集まってくるようになった。テイクアウト品も充実している。日高名物「やまべの唐揚げ」をはじめ、地元の米農家が作った「やまべまぶしおにぎり」や「山菜おこわ」が販売される。

Data
所 日高町木町東1丁目298-14 道の駅樹海ロード日高内 ☎090-2069-6217 営 9時〜17時、季節により変動

襟裳岬
えりもみさき[えりも町]

なにもなさが最大の魅力、絶景パノラマが広がる岬

　北海道を東西に分ける全長150キロにもおよぶ日高山脈の末端が、太平洋の海の中に続き沈んでいく部分。年中、風が強いことで知られる。ここも北海道を代表するといっていいほど、郷愁を感じさせる場所だ。岬の看板がある部分は高さ60メートルほどの断崖絶壁の上。その

先の先端部へと歩いて行くこともできる。

　岬には「風の館」があり、展示ゾーンや上映プログラムなどがあるほか、「えりも風体験」が人気だ。屋内施設で巨大扇風機から送り出される風速25m/sの風を受けることができる体験は、おもしろい。ぜひ体験してみよう。そのすごさがわかる。

　駐車場横には土産店「えりも岬観光センター」があり、ウニ丼や海鮮

ラーメン、えりも岬定食といったメニューがある。ちなみに、岬の名前は漢字が正式名称。町名はひらがなが正式名称になっている。

所えりも町東洋 366-3（風の館）☎01466-3-1133（襟裳岬「風の館」）営風の館【5・6・7・8月】9時〜18時（入館は 17 時 30 分まで）【3・4・9・10・11 月】9 時〜17 時（入館は午後 16 時 30 分まで）【12・1・2月】休館

道央 / 道南 / 道北 / オホーツク / 釧路・根室 / 十勝

130

はるか先まで岩礁が続く先端部

岬に1軒だけのえりも岬観光センター

三石海浜公園では目の前に太平洋が広がる

きじひき高原から見る駒ヶ岳と大沼

道南エリアMAP

渡島・檜山管内のスポットを掲載しています。

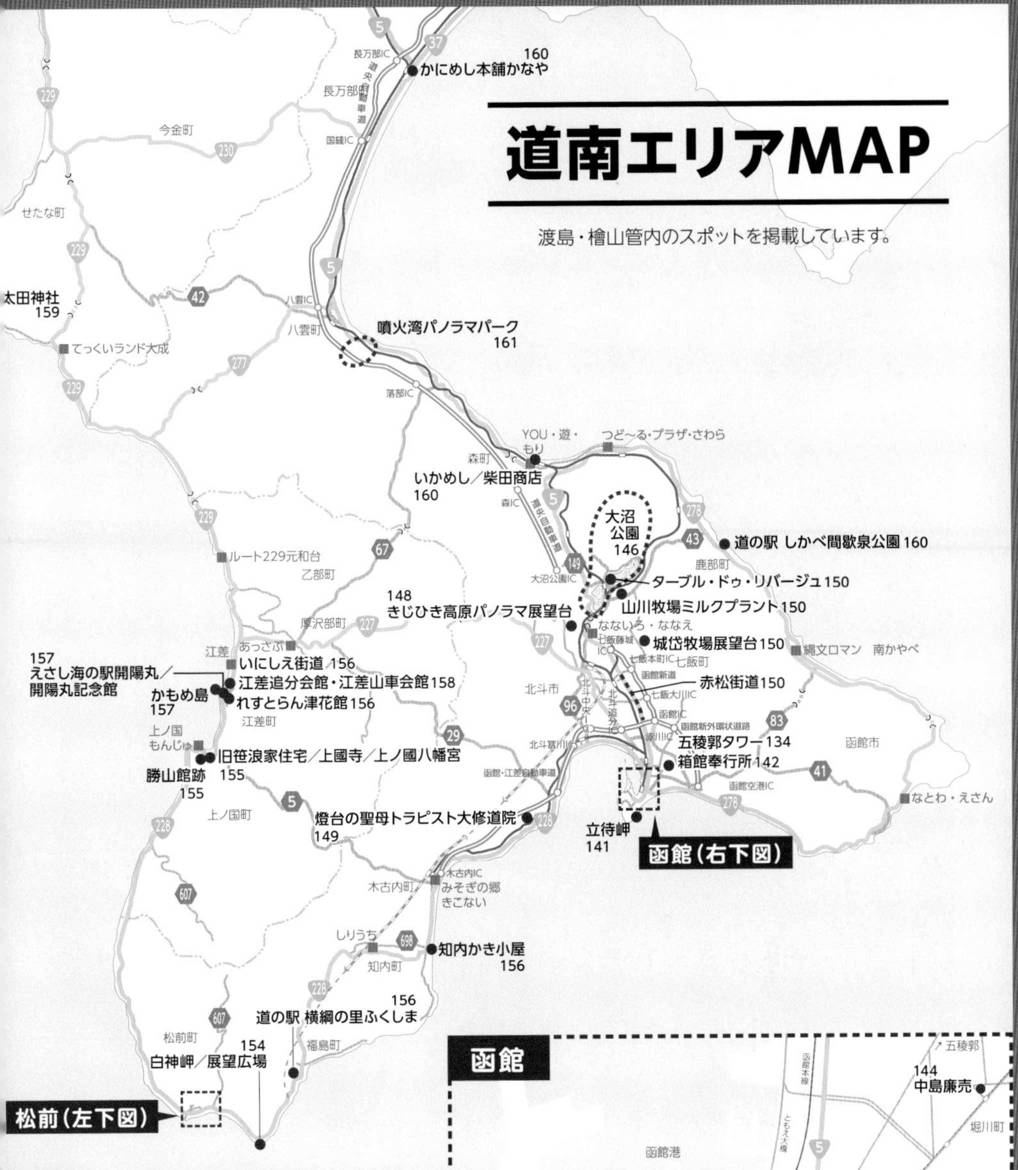

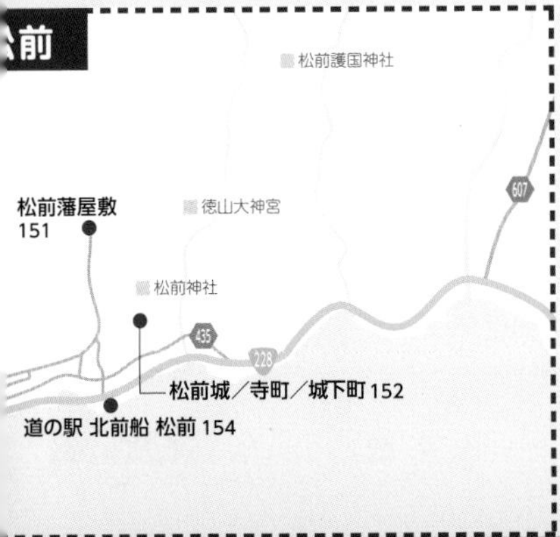

160
かにめし本舗かなや
長万部IC
長万部町
道央自動車道
国縫IC
今金町
せたな町
太田神社
159
てっくいランド大成
八雲IC
八雲町
噴火湾パノラマパーク
161
落部IC
YOU・遊・もり
つど~る・プラザ・さわら
森町
いかめし／柴田商店
160
森IC
大沼公園
146
道の駅 しかべ間歇泉公園 160
鹿部町
ターブル・ドゥ・リバージュ 150
山川牧場ミルクプラント 150
大沼公園IC
ルート229元和台
乙部町
148
きじひき高原パノラマ展望台
厚沢部町
なないろ・ななえ
城岱牧場展望台 150
縄文ロマン 南かやべ
七飯藤城IC
七飯本町IC
七飯町
函館新道
赤松街道150
七飯大川IC
北斗市
北斗中央IC
函館IC
函館新外環状道路
あっさぶ
江差
157
えさし海の駅開陽丸／開陽丸記念館
いにしえ街道 156
江差追分会館・江差山車会館 158
かもめ島
157
れすとらん津花館 156
江差町
上ノ国もんじゅ
旧笹浪家住宅／上國寺／上ノ國八幡宮
勝山館跡
155
155
北斗富川IC
赤川IC
五稜郭タワー 134
箱館奉行所 142
函館市
函館・江差自動車道
函館空港IC
なとわ・えさん
上ノ国町
燈台の聖母トラピスト大修道院
149
立待岬
141
函館（右下図）
木古内IC
木古内町
みそぎの郷きこない
しりうち
知内かき小屋
156
知内町
156
道の駅 横綱の里ふくしま
松前町
福島町
154
白神岬／展望広場
松前（左下図）

松前
松前護国神社
松前藩屋敷
151
徳山大神宮
松前神社
松前城／寺町／城下町 152
道の駅 北前船 松前 154

函館
五稜郭
144
中島廉売
堀川町
函館本線
ともえ大橋
函館港
函館駅
はこだて自由市場 145
新川町
函館どつく前
143 函館朝市
緑の島
函館市電
松風町
大森公園
139
旧相馬家住宅
139函館市旧イギリス領事館
末広町
金森赤レンガ倉庫 140
137
旧函館区公会堂
元町公園
十字街
140八幡坂
五島軒本店・レストラン雪河亭 141
138 函館市元町地区
函館山ロープウェイ山麓駅
宝来町
すき焼き 阿佐利本店141
函館山／函館山ロープウェイ
136
津軽海峡
函館公園
谷地頭
↓立待岬

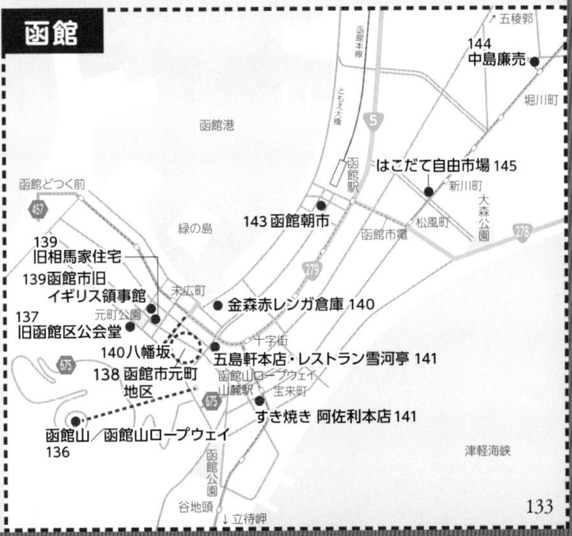

五稜郭タワー
ごりょうかくたわー[函館市]

タワーに上り函館のランドマーク、五稜郭の全景を見る

　星型の五角形、五稜郭の全貌を見渡せる観光施設。高さ107メートル。現在のタワーは2代目だ。展望フロアへはエレベーターで上がる。扉が開いた瞬間「おーっ」という声があがる。正面眼下に五稜郭が見え、街並みの向こうに亀田半島の山々が一望できる。全面ガラス張りの展望施設からは、ぐるりと四方を見渡せる。函館市内や函館山も手にとるようだ。眺望だけではない。「五稜郭歴史回廊」という五稜郭について学べる展示スペースも充実。建物2階には洋食店や海鮮料理店が入る。1階には売店と吹き抜けになった開放感いっぱいのアトリウムがあり快適に過ごせる。

高さ107メートル、最上部2フロアが展望施設

年間を通して多くの人が訪れる

アトリウムも開放感でいっぱいだ

クールな限定おみやげ品も

飲食グルメも充実している

全面ガラス張りで景色が飛び込んでくる

Data

所 函館市五稜郭町 43-9 ☎ 0138-51-4785（五稜
郭タワー）営 9 時～ 18 時、年中無休

135

函館山／函館山ロープウェイ

はこだてやま／はこだてやまろーぷうぇい［函館市］

▌世界三大夜景のひとつ、きらめく市内を一望する山頂

　函館の街並みを一望できるのが函館山。標高334メートルの山頂からは、左に函館港、右に津軽海峡にはさまれた函館市街地を眼下に、左右に大きくくびれた地形の先に大野平野が広がる。山頂までのアクセスは、車は通行できるが、夜間と冬季は通行禁止だ。登山バスやタクシーも利用できるが、メジャーなのはロープウェイだろう。山麓駅から山頂までは、125人乗りのゴンドラで約3分。街並みをぐんぐん遠ざけながら高度を上げる。日没時刻前は混雑するので、早めの行動をおすすめする。山頂は思いのほか寒いので、夏場でも1枚多めに羽織っていこう。

昼も多くの人でにぎわう

山頂には景色を堪能できるレストランもある

夕暮れ時の函館港方面。遠くに駒ヶ岳も見える

Data

函館山ロープウェイ 所函館市元町19-7 ☎0138-23-3105（総合案内）、0138-23-5440（函館市観光案内所）

旧函館区公会堂

きゅうはこだてくこうかいどう[函館市]

明治時代に建てられた洋風木造建築の代表的な建物

1910年（明治43年）に豪商・相馬哲平ら住民有志の巨額の寄付によって建てられた木造洋館。もともとは住民の集会所として使われていた。国の重要文化財にも指定されている。約2年半の保存修理工事期間を経て、2021年4月にリニューアルオープン。この間の修理により、外壁が塗り直され、あざやかな青灰色

大正天皇が皇太子時代に宿泊した

2階の大広間は貸室になっている

と黄色のコントラストがよみがえり、2階大広間は明治時代の柄を再現した床材が敷き込まれた。

内部は大理石の暖炉やシャンデリアなどを備えた貴賓室などがあり、屋根窓や円柱の細部に至るまで明治期のハイカラな造りになっている。その説明動画も必見だ。

艶やかなロングドレスやハイカラさん風の衣裳を着用して異国気分を体験できる「ハイカラ衣裳館」も人気。好みの衣裳に着替え、2階のバルコニーから函館港

バルコニーから函館港を一望できる

を一望しながら優雅な気分に浸ることもできる。

衣裳館の受付時間は季節ごとに変動するので、事前にHPで確認を。

Data

所函館市元町11番13号 ☎0138-22-1001 営【4月〜10月】9時〜18時（土曜〜月曜〜19時）【11月〜3月】9時〜17時、年末年始休館（12月31日〜1月3日）、館内整理日あり（随時）※最終入館は公開時間終了30分前

函館市元町地区

はこだてしもとまちちく[函館市]

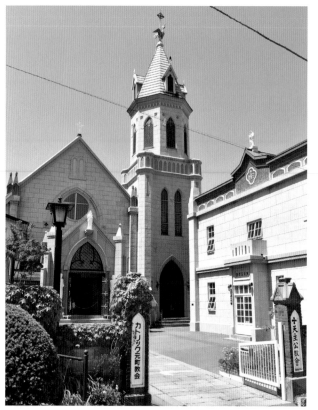

教会など異文化が混在したエリアを散策する

　函館を代表する観光エリア。元町地区は異国情緒あふれる街並みが見られる。端正な教会、寺院、洋館などが石畳の道沿いに建っている。5月〜8月いっぱいは歩行者専用道路になる部分もあり、車は公共駐車場に停めて、歩いて散策しよう。

　「函館ハリストス正教会」は「ガンガン寺」の愛称で親しまれる、日本正教会発祥の地。「カトリック元町教会」は石畳の大三坂に映える荘厳な建物。フランス人宣教師が江戸時代末に仮聖堂を建てたのが始まりだ。そんな西洋の建物に混じって、純和風の東本願寺別院の大きな瓦屋根が見える。付近の建物も、和洋折衷のものが多く残され、まさに異文化混合の凝縮された世界が魅力だ。

元町地区の石畳の散策路

二十間坂の途中にある東本願寺別院

函館教会越しに函館港が見える

Data

所 函館市元町　☎観光については 0138-23-5440(函館市観光案内所)

函館市旧イギリス領事館　はこだてしきゅういぎりすりょうじかん［函館市］

カフェではイギリスを感じられる

現在の建物は復元改修されたもの

▌開港の歴史を伝え学べる 記念館で優雅なひと時を

　幕末から昭和初期までイギリス領事館だった建物。その間火災による消失などを経て、現在の建物は1913年（大正2年）にイギリス政府の設計によって竣工した。その後、開港記念館として一般公開。展示内容を一新してパネル展示などから歴史を学べる施設になっている。見学後は、ティールーム「ヴィクトリアンローズ」で優雅なひと時を過ごしたい。庭には6月中旬から7月中旬にかけてバラが咲き誇る。

Data
所函館市元町33-14 ☎0138-83-1800 営9時～19時（11月1日～3月31日～17時）

旧相馬家住宅　きゅうそうまけじゅうたく［函館市］

玄関のある入り口部分

取り壊しの危機もあった

▌道内屈指、明治期の豪商 住宅のすごさを体感

　北海道屈指の豪商・相馬哲平が建てた住宅。1908年（明治41年）に建築された和洋折衷の近代建築で、国指定重要文化財にも指定されている。建物全体に上質な建材を使い、職人技術による和風建築を基調としつつ、繊細な彫刻や豪華な家具がきらめく洋室との調和は、「すごい」の一言だ。現代風に改築した部屋は「カフェ元町」として、函館港を見ながらコーヒーなどが味わえる。

Data
所函館市元町33-2 ☎0138-26-1560 営9時30分～16時30分（最終入館16時）、水・木曜 休館、12月1日～3月31日冬期閉館

139

八幡坂　はちまんざか[函館市]

CMをはじめ、各種ロケ先として有名

　函館の元町地区には函館山側から港側に向かっていくつもの坂がある。それぞれ「二十間坂」「大三坂」「基坂」といった名前が付けられている。中でも有名なのが八幡坂。石畳と並木が美しく、函館港とその先にある「函館市青函連絡船記念館　摩周丸」が見える。八幡坂の名は、かつてここに函館八幡宮があったことに由来する。

坂の上部には古民家カフェもある

金森赤レンガ倉庫　かねもりあかれんがそうこ[函館市]

約15分のベイクルーズが楽しめる遊覧船も出航する

アクセサリーなど旅の思い出に

ショッピングとグルメ、ベイエリアのメイン商業施設

　函館ベイエリアのランドマーク施設。4つの施設から構成されるショッピングモール。明治時代に開業した「金森洋物店」が起源だ。「BAYはこだて」は運河をはさんで2つのレンガ倉庫がつながる施設。函館オルゴール堂やカフェレストランが入る。「金森洋物館」の倉庫2棟には雑貨店やお土産店が並ぶ。「函館ヒストリープラザ」は函館ビヤホールがメインの施設。加えて「金森ホール」が並んでいる。

Data
所函館市末広町14番12号
☎0138-27-5530

立待岬 たちまちみさき[函館市]

湯の川方面の温泉街を望む

昔ながらの売店「はまなす」

津軽海峡を望む、静かなビュースポット

　函館山の南側、津軽海峡に面した岬。海に突き出すかたちで広場が整備され、湯の川方面から青森県の下北半島までをぐるりと見渡せる。晴れた日は海風を感じられ、気持ちいいのひとこと。駐車場もあり、広場は「はまなす公園」として開放される。夏期間は売店が1軒営業し、アイスクリームやつぶ貝などを食べさせてくれる。

Data
所函館市住吉町　観光については0138-23-5440（函館市観光案内所）

五島軒本店・レストラン雪河亭
ごとうけんほんてん・れすとらんせっかてい[函館市]

　創業は1879年（明治12年）。函館を代表する老舗洋食店。国登録有形文化財の建物は明治・大正の香りを今に伝える。本店レストラン雪河亭の「明治の洋食＆カレーセット」（3,300円）は明治時代から受け継がれる洋食の盛り合わせ。伝統の味だ。

Data
所函館市末広町4-5　0138-23-1106　営11時30分〜14時30分、17時〜20時（火曜定休、1月1日、2日は休み）

すき焼 阿佐利本店
すきやきあさりほんてん[函館市]

　1901年（明治34年）創業の「阿佐利精肉店」とともに、110年以上の歴史を刻む老舗すき焼き専門店。"良質な肉を気軽に楽しんでもらうこと"がモットー。純和風の個室で、厳選された黒毛和牛を味わえる。

Data
所函館市宝来町10-11　0138-23-0421　営11時〜14時、16時〜20時30分、水曜休み

箱館奉行所 はこだてぶぎょうしょ[函館市]

実に140年もの歳月の後に復元された江戸幕府の役所

五稜郭公園のほぼ中央に復元された江戸幕府の役所。松の木々に囲まれて建つ姿は、幕末の時代にタイムスリップしたような気分になれる。奉行所は幕末の箱館開港にともない、日本の北辺防備の拠点として当初は箱館山のふもとに設置された。その後移転が計画され、五稜郭が完成し、その中に1864年（元

四間からなる72畳の大広間は重要な空間

治元年）に建くられた。1868年（明治元年）、戊辰戦争最後の戦いとなる箱館戦争の舞台となり、1871年（明治4年）にわずか7年で解体された。

現在の建物は140年の時を経て、2010年に復元されたもの。内部は大広間や表座敷などが見られる「再現ゾーン」、資料やパネルなどが展示される「歴史発見ゾーン」、「映像シアター」など順路を追って見学できる。「建築復元ゾーン」では構想か

敷地内には売店があり御城印やソフトクリームを販売

ら20年もの歳月をかけた復元プロジェクトを紹介している。

映像シアターでは復元の様子を放映

Data
所函館市五稜郭町44-3 ☎0138-51-2864 営9時〜18時（11月〜3月は17時まで、最終入館は閉館の15分前）

函館朝市 はこだてあさいち[函館市]

250店からなる函館の味覚が集まる大きな市場

　JR函館駅と駐車場を挟んで隣にある市場街。「どんぶり横丁市場」「駅二市場」「函館朝市ひろば」「産直市（生産者直売市場）」からなる。鮮魚店を中心に、野菜や乾物、食堂など約250店が並ぶ。始まりは1945年（昭和20年）、函館周辺の農業生産

駅二市場の外観、隣は朝市ひろばだ

どんぶり横丁市場の外観

海鮮丼を中心に寿司やラーメン店もある

者の一部が函館駅前広場の隅で野菜の立ち売りを始めたことによる。各店自慢の海鮮丼を味わったり、釣り堀で釣った活イカをその場でさばいてイカ刺しを食べることもできる。

イカ釣りにチャレンジしてみよう

Data

所 函館市若松町9-19 ☎ 0138-22-7981（函館朝市協同組合連合会事務局）営 営業時間は各店舗による

143

中島廉売 なかじまれんばい［函館市］

函館市民ならば誰もが知る昔ながらの商店街

函館市民の台所。市内の中島町にある市場・商店街。始まりは1934年（昭和9年）の函館大火後、中島町の大通りに露店が集まり始めたことから商店街が形成された。地元市民からは「れんばい」と呼ばれ、親しまれている。

大通り商店街を見たところ

駐車スペースは2カ所ほどある

現在は30軒ほどの店が並ぶ。
大通り商店街にはそば店や寿司店といった各種飲食店のほか、豆腐や惣菜のお店が並ぶ。市場の雰囲気がある仲通り商店街には「魚屋通り」があり通路の両側に店が連なる。一部は屋根がかかり、白熱灯が商品を照らし、商品を包む新聞紙が天井から吊る

昭和の面影を残す露天商

されている。函館らしく、イカが皿に盛られ店先に並ぶ。夏場は虫除けの蚊取り線香の懐かしい香りも漂っている。

大通り歩道部分には露店が出ている。かつては、ここに100軒近くの露天商がいたそうだ。

Data
DATA 所函館市中島町22 ☎0138-83-1127（廉売事務所）営業時間は各店舗による

はこだて自由市場

はこだてじゆういちば[函館市]

市民はもちろんプロ料理人が利用する市場

函館駅前の繁華街と松風町・新川町と続く住宅地の中央部に位置する市民のための買物市場。魚介類の豊富さには定評があり、専門性の高い品揃えの店がずらりと並ぶ。市内に店を構えるプロの料理人達が仕入れに来る市場としても知られている。

入り口は3カ所。電車通り側とグリーンベルト側、そして駐車

常連客も多い

場側から入ることができる。市場全体は駐車場側から見て大きなL字型になっていて、恵比寿通り・大黒通り・布袋通り・福禄通り・毘沙門通りに弁天横丁と名前がついている。鮮魚店を中心に、干

電車通り側から見た外観

物店と青果店、飲食店などが入る。グリーンベルト側入口の一角にはフードコートがあり、炭火焼コーナー(事前予約で1時間500円)が利用できる。そしてその向かいには函館名物の活イカ釣堀りがあり、1回時価でチャレンジできる。イカ刺しで味わおう。

飲食店が数軒入っている

市場内で買い物した商品を炭火焼できる

Data

所函館市新川町1-2 ☎0138-27-2200 営8時〜17時(店舗により異なる)、日曜休み

大沼公園
おおぬまこうえん[七飯町]

明治期からの正統派の景勝地を見て回る

　大沼・小沼・蓴菜沼の3つの湖沼からなる国定公園。これらは駒ヶ岳の火山活動によって河川がせき止められてできた。1905年（明治38年）には道立公園に認定され、全国的にも歴史ある自然公園のひとつ。大正期には日本新三景のひとつに選ばれた由緒ある景勝地だ。

　湖畔の広場からは点在する小島越しに駒ヶ岳の鋭角的な山頂部分が見える。まるで日本庭園を思わせる絵画のような風景が広がる。この広場を起点に、島巡り散策をしたい。大沼にある

いくつかの小島には橋が架けられ、これらの橋をわたって3つの周遊コースが整備されている。森歩きのようなコースから刻々と変わる風景が楽しめる。一方、小沼にも散策コースがあり、こちらは観光客も少なく静かな森歩きが魅力だ。

大沼だんごはあん、ごま、しょうゆの3つの味わいを組み合わせて楽しめる

大沼湖畔は1周約14キロ。レンタサイクルも楽しめる

大沼国際交流プラザでは観光案内のほか休憩スペースの利用もできる

公園入り口にある大沼だんごの「沼の家」は明治38年創業

Data

所 七飯町字大沼町（大沼公園広場）　☎0138-67-2170　（大沼国際交流プラザ／大沼観光案内所）

きじひき高原パノラマ展望台

きじひきこうげんぱのらまてんぼうだい[北斗市]

道南を代表する絶景パノラマビュースポット

　展望台から大野平野・函館山をはじめ、北海道新幹線の高架線路が大きな弧を描きながら南に延びていく様子が見える。東側には横津岳のなだらかな山容が広がり、北側には大沼・小沼と駒ケ岳の雄大な姿までを一望できる。標高560メートルにある展望施設は、屋内からガラス越しに景観を楽しめるようにも

なっていて、風が強い時などはありがたい。

　展望台への途中には「きじひき高原キャンプ場」があり、ここからも函館山方面の眺望がいい。いわゆる裏夜景を堪能しながらの一夜が過ごせる。このキャンプ場と展望台の間の道路には「メロディーロード」という、一定の速度で通行すると路面から音楽が聞こえてくるしかけがある。ちょっとした遊びを楽しもう。

屋内施設は寒い日などはありがたい

強者サイクリストと駒ヶ岳

手前に小沼、奥に大沼

Data

所 北斗市村山174　☎0138-73-3111（北斗市経済部観光課観光係）⏰8時30分〜20時（7月〜8月は〜21時まで、4月下旬〜11月上旬開放、冬季閉鎖）

燈台の聖母トラピスト大修道院 とうだいのせいぼとらぴすとだいしゅうどういん[北斗市]

厳粛な祈りが続く日本最初のトラピスト修道院

1896年（明治29年）に創立された日本最初のトラピスト修道院。修道院に続くスギ並木や周辺の散策路は、厳粛な雰囲気のなか四季折々に美しい姿を見せる。修道院では創立当初から開墾、農耕、牧畜が行われ、現在

美しい並木道の先に修道院がある

門に設置された装飾

も続いている。ここで作られるトラピストバターやクッキー、バター飴、ジャムは、道南を代表する観光土産品として人気が高い。駐車場にある直売所で購入できる特製のソフトクリームにはスプーンのかわりにクッキーが付けられている。院内

階段を上った先にある修道院の門

の見学はできないが、院外は自由に見て回れる。正面の門の建物を改築して展示室がつくられた。修道院の歴史などがわかる。徒歩30分ほどの丸山には「ルルドの洞窟」があり、展望台にもなっている。

Data
所北斗市三ツ石392 ☎0138-75-2139 営【売店】4月1日～10月15日、9時～17時（季節により異なる）

山川牧場ミルクプラント
やまかわぼくじょうみるくぷらんと［七飯町］

広い駐車場に隣接する牛舎があり、イートインと買い物が楽しめる牧場経営の施設。ホルスタインとジャージー牛の乳をブレンドした濃厚な牛乳が飲めるほか、ソフトクリームなどが人気。カレーやハンバーグの弁当もある。

Data
所 七飯町字大沼町628 ☎0138-67-2114 営 9時〜17時（11月〜3月は10時〜16時）、無休（11月〜3月木曜休み※木曜日が祝祭日の場合は翌日、年末年始：12月31日〜1月3日休み）

ターブル・ドゥ・リバージュ
たーぶる・どぅ・りばーじゅ［七飯町］

JR大沼駅から約800メートル、大沼の湖畔に佇むカフェレストラン。大きな吹き抜けの店内での食事はもちろん、裏庭テラスから出航する「湖上クルーズ」が人気だ。ランチクルーズなど、約30分間の湖上の旅は優雅で爽快そのもの。

ローストビーフなどの洋食がメイン

Data
所 七飯町字大沼町141 ☎0138-67-3003 営 11時〜15時L.O、火曜定休、冬期間休業

城岱牧場展望台
しろたいぼくじょうてんぼうだい［七飯町］

七飯の中心部から七飯岳方面へ約10キロ、「城岱スカイライン」と呼ばれるワインディングロードを進むと広大な牧草地が広がる。ここは標高約550メートル。大野平野の先には函館山がよく見える。夜は「裏夜景」のスポットとしても有名な場所になっている。

Data
所 七飯町上藤城564 ☎0138-65-2517（七飯町商工労働観光課）営 4月下旬〜10月下旬、10時〜16時

赤松街道
あかまつかいどう［函館市・七飯町］

赤松街道（国道5号）は函館〜大沼間の高規格道路、函館新道の下道。函館市桔梗町〜七飯町峠下の約14キロの両側に1,400本あまりのアカマツなどが植えられている。1876年（明治9年）、明治天皇の七重勧業課試験場への行幸を記念してのもの。歴史を感じて走ろう。

Data
所 函館市桔梗町〜七飯町字峠下（国道5号）☎0138-65-2517（七飯町商工労働観光課）

松前藩屋敷 まつまえはんやしき[松前町]

江戸時代の街並みを再現したテーマパーク

松前城を中心に栄華を誇った城下町の街並みを再現したテーマパーク。海の関所である「沖之口奉行所」をはじめとし、藩士の暮らした「武家屋敷」、「商家」「廻船問屋」「番屋」「髪結」など再現された14棟が並ぶ。人形もリアルでまるで江戸時代にタイムスリップしたようだ。時間があ

江戸の街並みを再現

れば、ぜひ地元ガイドさんと一緒に回るガイドツアーを利用したい。豊富な知識からの興味深い話が聞ける。園内一番奥には、松

おみやげには松前漬けを買っていこう

前漬けなどを販売する「あさみ商店」がある。ここでは名物の松前漬けを自分でつくる体験ができる。地元で獲れたスルメをつかって秘伝のタレに漬け込む体験。ぜひトライしてみよう。

Data
所 松前町字西舘68番地 ☎ 0139-43-2439 営 4月上旬～10月末、9時～17時

江戸時代の通りを再現した建物が建つ

あさみ商店の店内で体験ができる

松前城／寺町／城下町

まつまえじょう／てらまち／じょうかまち[松前町]

道内唯一の城と寺町がある、城下町を散策する

道内最南端に位置し、北海道で唯一お城がある城下町。かつては松前藩が政治・経済・文化の中心を担い、現在では道内屈指の桜の名所になっている。和人の居住が始まったのは平安時代の末期。奥州に及んだ戦乱に押し出された人々が渡島半島の

各地に砦を築いた。その中で頭角を現したのが武田信広。蠣崎家に婿入りし、後に姓を「松前」に改めて松前藩の初代藩主となった。1606年（慶長11年）、福山館（後の松前城、正式名称は福山城）を完成させた。以来、松前藩は14代までつづき、1871年（明治4年）、廃藩置県になるまで存続した。

松前城は1854年（安政元

年）、日本で最後につくられた日本式の城。1949年の火災で木造天守などを焼失。その後、RC造により天守の外観復元が行われ、内部は資料館として活用されている。城のまわりは「松前公園」として開放。250種類1万本の桜が植えられ、4月下旬から5月中旬にかけて咲き誇る。

城の北側には寺町がある。1400年代に創建された「法幢

1533年創建の光善寺。桜の名木「血脈桜」がある

アジサイが咲く小道は本州のような雰囲気

城下通にはかつての趣を今に伝える

矢野旅館ではランチと温泉が楽しめる

寺」、松前家の祈願所の「阿吽寺」、「龍雲院」などがあり国指定重要文化財の数々が残る。付

重厚な門構えがみごとなお寺が並ぶ

近一帯は石畳の小道があり夏はアジサイが咲く。まるで鎌倉や京都のような佇まいだ。しっとりと北海道離れした風情を感じながら散策が楽しめる。

松前城直下の海側には「城下通り」があり、白と黒を基調とした城下町の雰囲気を再現した商店街が200メートルに渡って

軒を連ねる。その中の「矢野旅館」では日帰り温泉入浴ができるほか、事前予約が必要だが、レストランで「松前藩主料理」（3,520円）が味わえる。

Data
📍松前町松城144（松前城）☎0139-42-2216（松前城資料館）🕐4月中旬〜12月中旬、9時〜17時、冬季休館

153

白神岬／展望広場 しらかみみさき／てんぼうひろば[松前町]

岩礁地帯の沖合に漁の船

展望広場にある展望施設

■ 北海道最南端の岬から津軽海峡ごしに本州を眺める

松前半島にある北海道の最南端の岬。対岸の本州、青森県の竜飛岬まではわずか19.2キロ。晴れた日にはよく見える。ここは国内有数の渡り鳥の中継地点でもあり、春と秋には多くの渡り鳥たちが見られる。岬はトンネルすぐ横の広場。駐車スペースと、碑が立っている。

Data
所 松前町字白神 ☎0139-42-2640（松前町商工観光課）

道の駅 北前船松前 みちのえききたまえぶねまつまえ[松前町]

活気ある店内

テラスからは絶景が広がる

■ 松前漬けに本マグロ丼に日本海を感じるテラス席

松前城がよく見える国道沿い、日本海・津軽海峡に面して建つ道の駅。海側に広いテラス席があり爽快だ。館内は売店と「うみかぜ食堂」がある。売店では名物の松前漬けが各種販売される。食堂の人気は本マグロ丼。地元で水揚げされた本マグロを豪快に味わおう。

Data
所 松前町字唐津379 ☎0139-46-2211 営9時〜17時、無休（年末年始を除く）

勝山館跡　かつやまだてあと［上ノ国町］

1/200スケールの模型は必見だ

史跡を見下ろすガイダンス施設

▌天空の中世都市だった往時の賑わいを空想する

　松前藩主の始祖と伝えられる武田信広が築いた山城。夷王山の東麓、1470年（文明2年）ごろから16世紀末ごろまで、政治、軍事、交易の一大拠点だったと考え られている。近年の発掘調査で、当時の建物や井戸、空壕、橋などの跡が多数見つかった。陶磁器や木製品なども発見され、中世のアイヌ民族と和人の暮らしぶりが明らかになっている。各ポイントに説明板があり、500年前の往時を空想しながら歩ける。

Data
所 上ノ国町字勝山427　☎ 0139-55-2400（勝山館跡ガイダンス施設）営 10時〜16時、月曜（祝日の場合は翌日）

旧笹浪家住宅／上國寺／上ノ國八幡宮　きゅうささなみけじゅうたく／じょうこくじ／かみのくにはちまんぐう［上ノ国町］

▌道内最古の建築物が並ぶいにしえ探訪スポット

　上ノ国は北海道で最も早い時期に和人が定住した地とされる。15世紀、北海道が蝦夷ヶ島と呼ばれていたころ、南部の日本海側は上ノ国、太平洋側は下の国と呼ばれていた。アイヌ民族と和人の共生の地ともいえるこの町には多くの歴史遺産が残る。

　国道沿いの「旧笹浪家住宅」は道内最古の民家建築で重要文化財。1857年（安政4年）に土台換えをした記録が残っている。道内に残る鰊番屋建築の原型とも言われている。その隣にあるのは「上國寺」。こちらも道内最古の寺院建築物。江戸時代の記録で1560年（永禄3年）頃の建立とされ、室町時代に存在したお寺だ。そのさらに隣には「上ノ國八幡宮」。松前藩を築き上げた武田信広が創建した社で、道内最古の社寺。本殿は一般公開されていないが、1699年（元禄12年）の建立と推測されている。「道内最古」の建物のオンパレード。じっくり時間をかけて見学したい。

上國寺の本堂を正面から

Data
所 上ノ国町字上ノ国236　☎ 0139-55-1165（管理室）営 10時〜16時、月曜（祝日の場合は翌日）

知内かき小屋
しりうちかきごや[知内町]

知内町特産のカキとニラが味わえる店。カキ8個を異なるソースで味わう「カキフライ定食」(800円)などが人気。2021年7月に社会福祉法人の運営にリニューアルしている。店は国道から少し中へ入ったところ。

Data
所 知内町字重内 10-15 ☎ 01392-6-7500
営 11時〜14時L.O.、水曜休み

道の駅横綱の里ふくしま
みちのえきよこづなのさとふくしま[福島町]

国道228号沿い、福島町の中心部にある道の駅。本館はコンビニほどの小さい建物ながら、地元のコンブ製品やイカの珍味などが置かれている。道路を挟んで「横綱千代の山・千代の富士記念館」があり、両氏の功績を称えるとともに相撲の魅力を伝えている。

Data
所 福島町字福島143-1 ☎ 0139-47-4072 営
9時〜17時、【12月〜3月】日曜休み
【4月〜11月】無休、年末年始休み

れすとらん津花館
れすとらんつばなかん[江差町]

江差の高台に位置し、江差のシンボルかもめ島や開陽丸を眺めながら食事ができる。札幌や東京のホテル・レストランで修業したシェフが繰り出すメニューはビーフシチューなど洋食のほか、江差産のそば粉を使ったにしんそばといった和食もある。写真は見ためも鮮やかな「にしん親子丼お膳」(1,100円)。

Data
所 江差町橋本町100番地 ☎ 0139-52-5151 営
ランチ11時〜14時、ディナー16時30分〜20時、
不定休

いにしえ街道
いにしえかいどう[江差町]

江戸時代からつづく建物が並ぶ通りが江差にある。現在の国道から1本内陸側を並行して走る通り、長さ約1.1キロのかつてのメインストリートには、北前船による栄華を今に伝える。

Data
所 江差町中歌町〜姥神町 ☎ 0139-52-0117
(江差観光情報総合案内所)

かもめ島 かもめじま[江差町]

灯台の上から見た様子

散策路が整備されている

江差のシンボル、歴史や文化がつまった場所

　カモメが羽を広げた姿に似ていることからその名がつけられた。海抜およそ30メートル、周囲約2.6キロの弁天島と呼ばれていた島は、防波堤によって本土とつながっている。島の入り口部分には瓶子岩（へいしいわ）があり、古来より漁民の守り神として地元漁師から崇拝される。長い階段を上ると芝生地が広がり、鴎島灯台が見える。島には厳島神社やたくさんの畳が敷き詰められたような「千畳敷」があり義経伝説も残る。

Data

所 江差町鴎島 ☎0139-52-0117（江差町観光情報総合案内所）

えさし海の駅開陽丸／開陽丸記念館 えさしうみのえきかいようまる／かいようまるきねんかん[江差町]

船は復元だが実物大だ

館内には売店と飲食コーナーがある

江差の風土が込められた特産品が買える海の駅

　江差港マリーナ、かもめ島へ向かう手前にある「海の駅」は、観光情報コーナーのほか、アンテナショップ「ぷらっと江差」には江差の特産品が並ぶ。人気は江差の郷土菓子「こうれん」。古くから農家でつくられてきた、お米を使ったせんべいのようなもの。海産物では紅ズワイガニやタコ、ホッケなどの加工品がある。軽食コーナーでは、「にしんそば」「江差ニシンカレー」などが味わえる。建物隣りには「開陽丸記念館」があり、江差沖に沈没した開陽丸からの遺物、約3,000点を展示している。

Data

所 江差町姥神町1−10 ☎0139-52-5522、開陽丸記念館の入館料は大人500円、小学生250円

江差追分会館・江差山車会館

えさしおいわけかいかん・えさしやまかいかん[江差町]

江差追分の指導体験や実演も

　道民ならば一度は聞いたことがある北海道の民謡が聞ける。江差追分はもちろん、北海盆歌やソーラン節などの指導体験や実演がある。江差屏風絵を描いた豪華な緞帳（どんちょう）が印象的な舞台では、4月から10月までの毎日、江差追分と北海道民謡の実演を開催。畳敷き桟敷席で、本

豪華絢爛の山車を間近で見られる

場の江差追分をじっくり体験できる。「追分道場」では気軽に唄の指導もしてもらえる。

　山車会館には北海道最古の

国道227号に面して建つ

歴史と伝統を有する「姥神大神宮渡御祭」で実際に巡行する山車2台を展示。大型スクリーンには祭りの様子が映像で流れる。

Data

所 江差町字中歌町193-3 ☎
0139-52-0920 営9時〜
17時、4月1日〜10月無休、
11月1日〜3月末までは月曜・
祝日の翌日・年末年始休み

江差追分についての解説パネル

追分道場でレッスンも受けたい

太田神社

おおたじんじゃ[せたな町]

日本一危険な神社は登山装備で登って参拝する

　北海道本土で最も西に位置する神社であり、道南五大霊場のひとつ。「日本一危険な神社」としても有名だ。道道740号沿いに鳥居があり、車が数台停められるスペースがある。本殿へは、最初はコンクリートの急階段

梯子とロープが頼り

を上る。そこからは山登りの登山道に変わる。ロープ場や、はしごが架けられた斜面になる。

　途中、石仏や女人堂を過ぎ、さびれた鉄の橋を渡ると、最大の難所であるほぼ垂直のくさり場が待っている。7メートルほどの岩壁を鉄輪に手足をかけ登った先に小さな洞穴があり、小型の本殿が

ついに本殿に到着

ある。洞穴からは奥尻島を望む日本海の絶景が広がる。上りは1時間ほど。本格的な登山装備で慎重に挑みたい。なお、500メートルほど離れた海沿いに拝殿がある。

　急斜面が続くので、参拝にあたってはくれぐれもご注意を。

本殿ははるか上にある

Data
所 せたな町大成区太田17 ☎
01398-4-5152(久遠神社)

159

道の駅しかべ間歇泉公園
みちのえきしかべかんけつせんこうえん[鹿部町]

国内でも珍しい天然の間歇泉が見られる。間歇泉とは一定の周期で水蒸気や熱湯を噴出する温泉のこと。ここ鹿部では、10～15分おきに1度、100℃ほどの温泉が高さ15メートル以上にまで吹き上がる。その迫力ある様子を間近で見ることができる。

Data
所鹿部町字鹿部18番地1 ☎01372-7-5655

いかめし／柴田商店
いかめし／しばたしょうてん[森町]

百貨店の全国駅弁大会で何度も日本一となる「いかめし」は森町の阿部商店が1941年（昭和16年）から手作りしている。この元祖いかめしを買えるのが、JR森駅前にある柴田商店だ。

Data
所森町字本町32 ☎01374-2-2797 営9時～18時 いかめしは売り切れまで、不定休

かにめし本舗かなや
かにめしほんぽかなや[長万部町]

大きな駐車場がある店舗

味わい深いいかめし

有名駅弁を列車内感覚の「自由席」で味わえる

長万部の駅前。かにめしを考案した老舗店に併設された「自由席」がユニークだ。実際に使用されていた列車のシートを譲り受け、車内を再現したフリースペース。今はもう列車内での販売は終了したが、ここではテイクアウトしたかにめしを列車に揺られる気分で味わえる楽しい空間。

Data
所長万部町字長万部40番地の2 ☎01377-2-2007(代表) 営8時～16時、火曜、第3水曜休み（変更になる場合あり）、※かにめし完売により、営業終了時間前に閉店の場合あり

噴火湾パノラマパーク

ふんかわんぱのらまぱーく[八雲町]

噴火湾をぐるりー望できる場所にある大規模公園

　八雲町の郊外、噴火湾（内浦湾）を一望できる広大な公園。国道5号からも道央自動車道からもアクセスできる。国道からは美しいシラカバ並木の道を上っていくと、ビジターセンターとなる「パノラマ館」「パノラマカフェ」、八雲町情報交流物産館「丘の駅」が見えてくる。パノラマ館では200坪の人工芝が敷かれたキッズアリーナに子どもたちの歓声が響く。見晴らしのいい窓側にはカフェレストランがある。ここはすぐ近くにある「ハーベスター八雲」が運営。本店とは趣を変え、そばや丼物など和食が中心のメニューが楽しめる。丘の駅は600ほどのアイテムが並ぶアンテナショップだ。道南一円から集められた特産品が並ぶ。

カフェレストランの店内

海へと続くシラカバ道路は爽快だ

敷地内にある丘の駅外観

Data
所 八雲町浜松368-8 ☎0137-65-6030（噴火湾パノラマパーク管理事務所）営10時〜18時 休月曜（祝日の場合は翌平日）

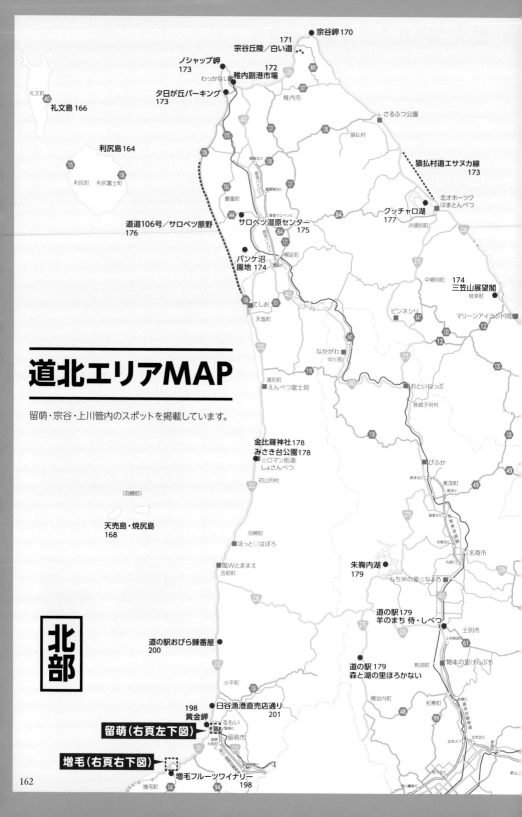

道北エリアMAP

留萌・宗谷・上川管内のスポットを掲載しています。

北部

宗谷岬 170

宗谷丘陵／白い道 171

ノシャップ岬 173

稚内副港市場 172

夕日が丘パーキング 173

礼文島 166

利尻島 164

猿払村道エサヌカ線 173

クッチャロ湖 177

道道106号／サロベツ原野 176

サロベツ湿原センター 175

パンケ沼園地 174

三笠山展望閣 174

マリーンアイランド岡島

金比羅神社 178

みさき台公園 178
☆ロマン街道
しょさんべつ

天売島・焼尻島 168

朱鞠内湖 179

道の駅 179 羊のまち 侍・しべつ

道の駅おびら鰊番屋 200

道の駅 179 森と湖の里ほろかない

臼谷漁港直売店通り 201

黄金岬 198

留萌（右頁左下図）

増毛（右頁右下図）

増毛フルーツワイナリー 198

南部

北鎮記念館 191
嵐山展望台 190
川端市場 191
北海道アイスパビリオン 184
JA朝もぎ市場ふくる 185
上野ファーム 188
旭橋 191
大雪森のガーデン 182
旭川市
三浦綾子記念文学館 191
層雲峡の景観 185
層雲峡・大雪山写真ミュージアム 185
銀河の滝・流星の滝／双瀑台 184
旭川空港公園グリーンポート 193
黒岳ロープウェイ 192
就実の丘 190
旭岳 186
205 北西の丘展望公園
ぜるぶの丘 204
206 美瑛選果
大雪高原温泉沼めぐり登山コース 180
207 かんのファーム
拓真館 205
209 ジェットコースターの路
白金青い池 203
白ひげの滝 204
富良野（右図）
十勝岳望岳台 202
210 ファーム富田
212 とみたメロンハウス
富良野ジンギスカンひつじの丘 212
213 ふらのワイン工場
フラノマルシェ 213
214 風のガーデン
唯我独尊 215 富良野市
215 ニングルテラス
215 富良野チーズ工房
自然体感しむかっぷ

富良野

フラワーランドかみふらの 206
日の出公園ラベンダー園 208
千望峠 209
土の館 212
後藤純男美術館 207
パノラマロード江花 209

留萌

道の駅るもい
るしんふれ愛パーク（船場公園）
留萌駅
199 大判焼
200 田中青果留萌本店
留萌駅前自由市場 199
きしはた鮮魚店 199
留萌おみやげ処 お勝手屋 萌 200
黄金岬

増毛

196 国稀酒造
旧商家丸一本間家 195
増毛駅前 194
北日本水産物(株)直営店 197
港町市場／遠藤水産 197
増毛厳島神社 198
増毛港

利尻島
りしりとう［利尻町・利尻富士町］

▍登山家を魅了する夢の独立峰、島一周ドライブへ

　名峰・利尻山（標高1,721メートル）を中心に周囲約60キロのほぼ円形の島。島へは札幌丘珠空港から飛行機も出ているが、稚内からフェリーで1時間40分ほど。鴛泊港と沓形港の2つの港があり、4つの市街地からなる島だ。

　島観光はレンタカーなどもあり、ぐるりと1周ドライブを楽しもう。おもな見どころは海岸沿いにあり、点在する自然豊かなスポットを巡りたい。

　登山家のあこがれの山、利尻山登山は登り6時間半、下り4時間ほどの中・上級者向き。早朝に出発したい。ちなみに島内のコンビニはセイコーマートが3店ある。

島の発着起点のひとつ、沓形港フェリーターミナル

有名なパッケージの舞台「白い恋人の丘」

姫沼は原生林の中にある周囲1キロの湖

夏はやっぱりウニを味わっていこう

行列ができるラーメン店「味楽」

利尻島郷土資料館は歴史や文化を伝える

☎0163-84-3622（利尻町観光協会）
　0163-82-2201（利尻富士町観光協会）

礼文島 れぶんとう[礼文町]

平地から高山植物が咲き誇る花の浮島を歩く

礼文島は、利尻島とは対照的にわりあい平坦な島。南北に約26キロ、東西約8キロの細長い形だ。車が通行できる道路は東側を回る道道がメインで、西側海岸沿いにはない。海抜0メートルから高山植物が咲く国内最北の離島として知られる。厳しい気候がつくりだす、なだらかな周氷河地形に可憐な花々を眺めながらの絶景トレッキングが人気だ。「桃岩展望台コース」はこの島を観光するにあたって外せない散策道。歩行距離約7.1キロ、3時間30分ほどかけて歩きたい。稚内〜香深港はフェリーで2時間弱。礼文〜利尻間のフェリーは約45分だ。島南部のフェリーターミナルがある香深地区にホテルや飲食店、市街地が集まっている。

映画のロケ地となった「北のカナリアパーク」

北西部の「澄海岬」はブルーの静かな入り江

元地灯台はトレッキング「桃岩展望台コース」の終盤あるいは序盤地点

せっかくなので魚のグルメをぜひ味わいたい

礼文島でもウニは人気。写真はウニ丼

「桃岩展望台コース」

Data

☎0163-86-2655（礼文島観光案内所）

天売島・焼尻島 てうりとう・やぎしりとう[羽幌町]

両島を結ぶフェリー

天売島に唯一ある信号機

天売島郵便局では来島証明書を発行してくれる

■ 兄弟のような
二つの島

フェリーに乗って2つの島巡り。北海道で定住する人がいる島は5つあって、そのうち最も小さい島が、天売・焼尻島だ。羽幌を出発したフェリーの所要時間は焼尻島まで約60分、天売島まで約95分。周囲は両方

とも12キロほど。羽幌港から西へ約28キロ。本土から遠くの方が天売島だ。港の反対側にあたる北西部から南西部は断崖絶壁で、ウミガラス（オロロン鳥）やウトウ、ケイマフリといった貴重な海鳥の繁殖地になっている。初夏頃から、繁殖で訪れている海鳥の様子を収めようと多くのカメラマンが集まる。

一方の焼尻島も同じくらいの大きさ。島中央部には国の天然記念物の焼尻の自然林が広がり、強風に耐えるオンコの荘が有名だ。西海岸からは天売島が見え、東海岸からは北海道本土が見える。

青い空と青い海に映える緑の島。もうそれはまさに絶景の連続だ。車を持ち込んでもいい

焼尻島の小さなフェリーターミナル

が、自転車をレンタルして動き
回る方が自然を感じられ自由度
も高い。いつもとは違う時間の
流れに身をまかせ、島ライフで
リフレッシュしよう。

焼尻郷土館(旧小納家)は明治時代の建物

めん羊牧場がありヒツジたちが放牧される

Data

☎0164-62-6666(羽幌町観光協会)

宗谷岬
そうやみさき［稚内市］

言わずと知れた国内最北の地を目指す人の到達地点

北緯45度31分22秒。おそらく誰もが一度は目指すあこがれの場所。国内最北の地で、ここは旅情あふれる旅の目的地だ。夏の晴れた週末はライダーやレンタカー、キャンピングカーなどで駐車場はいっぱいになる。岬の突端にある三角錐「日本最北端の地の碑」の前には、写真を撮るための順番待ちの長い列が

最北の国道にはバス停や商店が並ぶ

できる。その先には宗谷海峡の海があり、遠くサハリンの島影も見える。

周囲には「最北の」、食堂、みやげもの店、ガソリンスタンドがある。最北端グッズが各種販売され、「最北端証明書」や「日本最北端給油

証明書」なるものも発行してくれる。

みやげ店の横には氷点下の寒さ体験施設もある

夏場を中心にライダーが集まる

Data

所 稚内市宗谷岬　☎0162-24-1216（稚内観光協会）

宗谷丘陵／白い道
そうやきゅうりょう／しろいみち[稚内市]

壮大でスケールの大きい国内とは思えない風景の中で

　宗谷岬に到着して写真を撮り、次の目的地に向かう前に、絶対に立ち寄ってほしいスポットが「宗谷丘陵」と「白い道」だ。ホタテの貝殻を敷き詰めた白い道路と青い空のコントラストが映えると紹介されることが多いが、本当の魅力はスケールの大きい

いわば「宗谷丘陵絶景パノラマロード」とでも呼びたいほどの圧倒的な風景を見られるところ。

　白い道はこのパノラマロードの西側に位置している。地元の稚内市・観光協会では、宗谷岬側から回るルートを推奨している。道は車一台がようやくすれ違えるほどの細さ。譲り合ってこの絶景を共有したい。

風車をバックに白い道を走る

宗谷岬から一段高台にある公園がスタート地点

遠くの白いものは牧草ロールだ

Data
所 稚内市大字宗谷村字宗谷 ☎
0162-23-6468（稚内市建設産業部観光交流課）

稚内副港市場 わっかないふっこういちば[稚内市]

リニューアルした最北の台所・海の駅を堪能する

　稚内の「海の駅」として2007年に開業した複合商業施設。温泉施設や飲食店の撤退で一度は閉鎖されたが、2021年4月、装いも新たにリニューアルオープンした。

　海産物、土産品を扱う「魚常明田鮮魚店」は地元の老舗。稚内で獲れた魚や利尻・礼文から運ばれた新鮮なコンブなどが並ぶ。鮮魚はもちろん、干物や乾

稚内産の真ほっけは大きくて安い

入場無料、資料多数の樺太記念館

物、冷凍ものがずらりと並んでいる。飲食できる店は3店。「海鮮丼　魚常」では「特製海鮮丼」（1,100円）など丼物各種が食べられる。お食事処「てっぺん食堂」では定食やそば、カレー、ラーメン類を提供。「カフェpotto」ではオリジナルフルーツティーや白い恋人ソフトクリームもある。

　2階には「稚内市樺太記念館」があり、明治〜大正〜昭和と樺太40年の歩みと稚内とのつな

がりを紹介する。その他施設内には1970年代の稚内の街並みを再現した一角やパネル類が設置されている。屋外では屋台も営業していて、串カツや鉄板焼き、立ち飲み店もあり楽しめる。最北の台所をとくと堪能したい。

カウンター席もある魚常の店内

Data
所 稚内市港1丁目6-28 ☎0162-29-0829 営8時〜18時、無休

ノシャップ岬 のしゃっぷみさき[稚内市]

稚内灯台は高さ42.7メートルと道内で一番高い

海鮮などを提供する飲食店

▍イルカのモニュメントがある夕景の名所でたたずむ

稚内の市街地に近く、北海道の突端にある岬のひとつ。東に宗谷岬、西に礼文島。サハリンや利尻島も見渡せる。稚内と利尻・礼文を結ぶハートランドフェリーの軌跡が見え、旅情たっぷり。ここは夕日の景勝地として知られ、ぜひ日没時刻をチェックして訪問したい。周囲には「ノシャップ寒流水族館・稚内市青少年科学館(わっかりうむ)」や飲食店もある。

Data
所稚内市ノシャップ2丁目2-16
☎0162-24-1216(稚内観光協会)

夕日が丘パーキング
ゆうひがおかぱーきんぐ[稚内市]

道道106号を北上し、稚内市街に向かう上り坂の途中にある駐車スポット。西側の眺望がいいことから、美しい夕日が見られるビューポイントとして人気。日本海の向こうには利尻島が見える。稚内駅まではここから約6キロほど。

Data
所稚内市西浜4丁目 ☎0162-26-2521(宗谷総合振興局稚内建設管理部事業課)

猿払村道エサヌカ線
さるふつそんどうえさぬかせん[猿払村]

「最北の二大直線路」として、ライダーにはよく知られた人気の道。猿払川から浜頓別のクッチャロ湖に至るまで、全長約16キロのうち約12キロの直線道路がある。信号やガードレール、電柱もなく、遮るものがない一直線の道を走ることができる。

Data
所猿払村浅茅野台地 ☎01635-2-2211(さるふつ村観光協会)

道央

道南

道北

オホーツク

釧路・根室

十勝

三笠山展望閣 みかさやまてんぼうかく [枝幸町]

カウンター席からの眺望

売店もある

■ 美しいオホーツク海の海岸線を望む展望カフェ

枝幸町の街並みとオホーツク海を一望できる展望台。標高172メートルの三笠山頂上部分にある展望室の2階にはカフェスペースがあり、全面窓ガラスから迫力ある景色が楽しめる。コーヒーや紅茶といったドリンク類のほかケーキのセットメニューがある。1階はオープンスペース、屋上も開放感いっぱいの場所になっている。

Data
所 枝幸町宇遠内1380番地2
☎0163-62-2044 営10時〜18時（閉館時間は季節により異なる）、月曜定休、11月〜4月は冬季休業

パンケ沼園地 ぱんけぬまえんち [幌延町]

駐車スペースにはトイレも設置

木道の先に展望デッキがつくられている

木製ベンチの休憩スペースもあり

■ 沼越しに利尻山と夕日が見える静かな場所

湖越しに利尻山に沈む夕日が見える場所。サロベツ原野の南側にあるパンケ沼は海跡湖。原野に点在する沼の中では一番大きく、周囲は約8キロ、最大水深は約2.4メートルの円形の沼だ。駐車場からは約170メートルほどの木道が付けられており、散策ができる。

Data
所 幌延町下沼サロベツ原野

サロベツ湿原センター　さろべつしつげんせんたー[豊富町]

国内最大の高層湿原を花と野鳥を観察しながら歩く

　サロベツ湿原は日本最大の面積を誇る高層湿原で、世界的にも重要な湿地のひとつ。利尻礼文サロベツ国立公園の一部を成す。この湿原の中に入って自然の息吹を感じながら学ぶことができる施設がこのセンターだ。館内には湿原の成り立ちや、ここに生息する動物や花々、かつ

広い駐車場があって2棟が並ぶ

鮮やかな花を咲かせるエゾカンゾウ

て行われていた泥炭採掘の歴史などについてパネル展示や写真が掲示される。売店にはオリジナルの雑貨や小物があり、「レストハウスサロベツ」では湿原を眺めながらホッキ貝が入った「サロベツラーメン」などが味わえる。
　センター周辺には湿原内を散策できる遊歩道が整備されている。外周約1キロの

小道には合計5カ所の休憩デッキと展望デッキがある。天気の良い日には砂丘林越しに利尻山が見える。

風に吹かれて利尻山を眺める場所

Data

所 豊富町上サロベツ8662番地 ☎0162-82-3232
営 9時〜17時（5月〜10月、休館日なし）、10時〜16時（11月〜4月　月曜・年末年始休館、月曜が祝日の場合は火曜に振替休館）

道道106号／サロベツ原野

どうどう106ごう／さろべつげんや [天塩町・幌延町・豊富町・稚内市]

北海道でNO.1の絶景あこがれスーパーロード

　天塩町を起点として稚内市へとつなぐ道道106号。北上するなら、このスーパーロードに入る手前にある道の駅「てしお」と町内のガソリンスタンドで準備をすませておこう。この先、70キロほどには、民家はもちろんコンビニなど一切ないところを走ることになるのだから。天塩のまちを抜けウオーミングアップの4キロほどの区間を過ぎると、道路は左側にカーブ。道北の大河川・天塩川を渡るあたりから、一直線に並ぶオトンルイの風車が見える。風力発電用の風車28基が3キロにもわたって並ぶ光景は圧巻だ。道は左手にはさざなみ繰り返す日本海。その海に浮かんでいるかのような利尻富士が端正な山容を見せる。右手にはただ茫漠とした原野があるのみだ。

さざなみの海岸から利尻山を望む

高さ100メートルほどの巨大風車が並ぶ

ひたすら長い直線道路が続く

クッチャロ湖 くっちゃろこ[浜頓別町]

夕暮れ時は心を穏やかに する時間が流れる湖畔

特になにがあるというわけではない。湖畔には水鳥観察館と売店があるのみ。快適なトイレがある広い駐車場には、キャンピングカーなど本州ナンバーをつけた車中泊旅行者がくつ

売店にはおみやげ品が販売される

ろぐ。その奥は湖を眺められるキャンプ場になっている。ここは

キャンプサイトから見た湖

なにか自由でゆるやかな空気が流れている。夕暮れ時はいっそう穏やかだ。みんなが同じサンセットショーを堪能する。湖は周囲27キロほどの海跡湖。春と秋には数千羽のコハクチョウなどが羽を休める。

すぐ近くにある温泉宿泊施設が利用できる

水鳥観察館は無料の施設、見学していこう

Data
所 浜頓別町 ☎01634-2-2346(浜頓別町観光協会)

みさき台公園 みさきだいこうえん［初山別村］

幸福を呼ぶ鐘

道の駅、温泉ホテル、キャンプ場がそろう休憩地点

オロロンライン・国道232号から日本海側に広がる広大な敷地の公園。天気が良ければ利尻山も望める。公園全体が道の駅「☆ロマン街道しょさんべつ」に登録されている。

天文台があるエリアにはレストラン「北極星」があり、絶景を見ながら食事ができる。少し下がった

エリアには「しょさんべつ温泉ホテル岬の湯」があり、絶景露天風呂のほか、ふぐ鍋などの料理が味わえる。

公園内には、ゴーカート場やパークゴルフ場、有料のオートキャンプ場も併設されている。敷地内は照明を最小限にしていることから、夜は星空が輝く。

Data
所 初山別村字豊岬 ☎0164-67-2211（初山別村役場）営 公園内各施設により利用時間が異なる

金比羅神社 こんぴらじんじゃ［初山別村］

みさき台公園から階段を降りて海へ

鳥居正面には海岸を少し歩く

日本海の中に鳥居が佇む、夕日の絶景を見る神社

日本海の中に鳥居が立つ人気の撮影ポイント。天文台や灯台、道の駅などがある「みさき台公園」の断崖下にある。公園から階段を下った先、海岸を少し歩いた山側に小さな祠があり、海の中に鳥居が建てられている。ここは夕日の名所でもあり、夕暮れ時には、鳥居に重なり沈む夕日を写真に収める人が集まる。

Data
所 初山別村字豊岬 ☎0164-67-2211（初山別村役場）

道の駅羊のまち侍・しべつ

みちのえきひつじのまちさむらい・しべつ[士別市]

　館内はレストランとアンテナショップ、カフェ・交流スペースがある。レストラン「武十」では、士別産の地域ブランド羊肉「士別サフォークラム」を使用したメニューが食べられる。アンテナショップでは地元の特産品や野菜などを販売する。

Data

所士別市大通東5丁目440番地23 ☎0165-26-7353 営【売店】9時〜18時(5〜10月)、10時〜17時(11〜4月)【レストラン】10時〜20時30分、年末年始休み

朱鞠内湖

しゅまりないこ[幌加内町]

　雨竜ダムの建設にともない作られたダム湖。人造湖でありながら自然と一体化したこの湖は、北欧のフィヨルドを思わせる風景を生み出している。湖の中には国内最大の淡水魚「イトウ」が生息し釣り客を歓喜させ、冬はワカサギ釣りのメッカとなる。

Data

所幌加内町朱鞠内 ☎0165-35-2380(幌加内町観光協会)

道の駅森と湖の里ほろかない

みちのえきもりとみずうみのさとほろかない[幌加内町]

　国道275号沿い、森の中にある道の駅。一段高くなった場所の「せいわ温泉ルオント」が道の駅の中核施設になっている。館内ロビーには無料の足湯があり、源泉が楽しめる。レストランでは製粉から自社で行う幌加内そばが味わえる。

Data

所幌加内町政和第一 ☎0165-37-2070 営【温泉】10時〜21時、水曜休み【レストラン】11時30分〜14時、17時〜20時30分(12月〜3月は〜20時)【物産館】10時〜17時、火曜休み

朱鞠内湖

大雪高原温泉沼めぐり登山コース
だいせつこうげんおんせんぬまめぐりとざんこーす[上川町]

日本一の紅葉とも称される湖沼が織りなす森林

　周辺にはヒグマが生息しており、国内屈指の紅葉の名所に行くには細心の注意を払う必要がある。場所は国道273号の層雲峡から大雪湖を過ぎた所の入り口から。硬くしまったダート道を10キロ近く走る。すると、ぽつんと一軒宿「大雪高原山荘」とい

う温泉宿にたどり着く。ここはすでに標高1,230メートル地点。この温泉宿の隣に「ヒグマ情報センター」という建物があり、ここでレクチャーを受けた後、センター裏側の出入り口から沼めぐりの登山コースがつけられている。

　センターには付近のヒグマ情報が掲示されている。「山と熊のルール」として、ロープを越え

ない、ゴミを捨てないなどはもちろんのこと、存在を知らせる音を出す、会ってもあわてないといった基本的なルールと対処法を学ぶ。熊よけ鈴と飲料水などを準備して出発だ。トレッキングコースは階段状の箇所もある木道が取り付けられた登山道。しっかりした登山の装備が望ましい。アップダウンの山道を1キロほど進むと強烈な硫黄臭が

ヒグマ情報センター

のぞき地獄から見る吹き出し口

紅葉になりかけのころの風景

下山後は温泉に浸かって帰ろう

漂ってくる。ヤンベ温泉という温泉が自噴している場所だ。ここの分岐点から少し登って「のぞき地獄」と名付けらた場所からは、シューという音とともに水蒸気が立ち昇る様子が見られる。さらに1キロほど進むと「土俵沼」「バショウ沼」「滝見沼」といった小さな沼が現れ、それぞれ個性豊かな表情を見せる。このエリアの人気は「緑沼」。標高1,360

メートルにある比較的大きな沼だ。9月中旬には、アカエゾマツやダケカンバ、ナナカマドなどが緑、赤、黄色のコントラストを見せる。高原の清々しい空気の中、まるで絵画を見ているかのよう。美しく静かな佇まいを満喫できる。

その1.1キロ先には「大学沼」があり、ここまでは初級者から中級者までの登山コース。往復3〜4時間が目安とされる。1周するには険しく渡渉場所もあるので上級者の技術が必要だ。コースには7時から13時までに入る必要があり、15時までにセンターに戻ってくるという時間制

限がある。コース内にはトイレがなく携帯トイレを使用することや、食事場についての制限があるなど、ヒグマと共存するためのローカルルールがある。ルールを守った上で、圧倒的に神々しい風景を堪能したい。

Data

所 上川町層雲峡 ☎01658-2-2574（環境省大雪山国立公園管理事務所）営 ※沼巡りコースの利用者は必ず「大雪高原温泉ヒグマ情報センター」でレクチャーを受けてから入山【コースの開設時期】例年6月中旬〜10月上旬、入山時間7時〜13時（15時までにセンターへ下山のこと）

大雪 森のガーデン

だいせつもりのがーでん [上川町]

大雪山を望む高原で庭とレストランをたのしむ優雅な時

大雪山を間近に望む高原に、春から秋にかけて色とりどりの草花が咲くガーデンと、レストラン、宿泊施設がある。旭川紋別自動車道の上川層雲峡ICから誘導看板に従って約8キロ。大雪高原旭ヶ丘地区に、周囲の自然に溶け込むかたちで施設が整備されている。

約900品種の色彩豊かな草花が植えられた「森の花園」は「大雪な庭」といった5つのテーマガーデンから構成される。ガーデンショップがあるほか、上川大雪カフェ「緑丘茶房」が営業し、上川大雪酒造の酒粕を使ったジェラート、カレーやホットドックなどの軽食を提供する。その先、樹木や山野草が迎える「森の迎賓館」は起伏のある地形を利用した、森のおもてなしエリア。個性豊かないくつかのゾーンから構成され、散策していて気持ちがいい。楽しい工夫がいっぱいの「遊びの森」には交流体験棟や森の木琴などの施設がある。

ガーデンに隣接し、北海道を代表する料理界の巨匠・三國清三氏がオーナーシェフを務める

駐車場からエントランスゲートを越えて

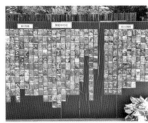

その日に開花中の花が掲示される

ジェラート類がテイクアウトできる

緑丘茶房のウッドテラス席

レストランからの雄大な眺め

メニューは「ここにしかない北海道イタリアン」

木々に囲まれる雰囲気がいいヴィラ

ガーデンレストラン「フラテッロ ディ ミクニ」が佇む。目の前に広がる雄大な牧草地と大雪山系の山々を眺めながら食事ができる。

　森の入口に佇むヴィラではディナーと朝食をレストランでいただける宿泊施設もあって、泊りがけで食事と庭を堪能したい。

フラテッロ ディ ミクニの店内

Data

所上川町菊水841番地8　☎01658-2-4655　営4月下旬〜10月中旬、9時〜17時(最終入園16時)

北海道アイスパビリオン

ほっかいどうあいすぱびりおん［上川町］

氷の美術館入り口。この館内で極寒体験ができる

■ マイナス20度の世界を一年中体験できるアート空間

「世界初」と銘打った北海道の冬を夏でも楽しめる体験美術館。館内は一年中、マイナス20度に保たれ、35年の歳月がかけられた見事な氷柱群が迎える氷の世界を体感できる。入館前には館長自らのレクチャーで、楽しみ方案内を聞いて出発。ファンタスティックな「演出ゾーン」を通過して、いよいよ「アイスホール」へ。無料の防寒ウェアと手袋レンタルがある。夏ならば、ホールに入った瞬間、気持ち良さを感じるが、だんだんとマイナス20度の極寒が効いてくる。一面、氷で覆われたトンネルをくぐって進むと高い天井から巨大なつららが下がる大ホールが出現。開館以来、長年創意工夫され、進化を続ける。

Data
所 上川町栄町40番地 ☎01658-2-2233 営9時〜17時、元日休み

銀河の滝・流星の滝／双瀑台

ぎんがのたき・りゅうせいのたき／そうばくだい［上川町］

広い駐車場が整備される

流れ落ちる音が響く

■ 日本の滝100選、2つの滝を同時に見ることができる場所

層雲峡温泉街近く、銀河トンネルの手前の側道を入ると駐車場とみやげ店があり、石狩川の流れの上、断崖絶壁から流れ落ちる2つの滝を見ることができる。細く繊細な白糸のように優美な姿で流れ落ちるのは「銀河の滝」。太い1本の滝となって力強く流れ落ちるのは「流星の滝」だ。滝を背に20分ほど斜面を登ると「双瀑台」の展望台に到着。別名女滝・男滝とも呼ばれる2本の滝を同時に見ることができる。

Data
所 上川町層雲峡 ☎01658-2-1811（層雲峡観光協会）

JA朝もぎ市場ふくる

じぇいえーあさもぎいちばふくる［上川町］

直売所の一角。この日はトマトがたくさん

売店ふくるの入り口テラス

▎ドライブイン感覚で休憩をかねて立ち寄りたい

国道39号上川町内。「この先約100キロ給油所ありません」と北見・帯広方面に向かうドライバーに注意喚起するガソリンスタンドの隣に、直売所と売店が並んで立っている。D型ハウスを利用した直売所は、近隣の農家さんたちが育てた季節の野菜を販売する。ログハウス風の売店はソフトクリームをメインに、コーヒーや上川ラーメンなども提供している。

Data
所 上川町旭町25　☎080-1881-6737　営9時〜15時

層雲峡の景観

そううんきょうのけいかん［上川町］

国道39号、旭川紋別自動車道から離れて大雪湖・石北峠までの間。ここは層雲峡と呼ばれ、石狩川の流れに沿うように国道が延び、両側が断崖絶壁の切り立った崖の風景に変わる。はるか太古に、大雪山の噴火による溶岩が、石狩川の流れによって長い年月をかけて侵食され、「柱状節理」と呼ばれる白っぽい崖が形成されたと考えられている。この岩地帯に木々がへばりつくように生え、春は桜の木が花を咲かせ、秋には紅葉が岩々を彩る。

Data
所 上川町層雲峡　☎01658-2-1811（層雲峡観光協会）

層雲峡・大雪山写真ミュージアム

そううんきょう・だいせつざんしゃしんみゅーじあむ［上川町］

旧層雲峡小学校の廃校跡を活用した写真ギャラリー。日本山岳写真界を代表する、大雪山写真の第一人者・市根井孝悦氏の作品が並ぶ。ケルト音楽が静かに流れる国内最大級のギャラリーだ。

Data
所 上川町層雲峡（旧層雲峡小学校跡）　☎01658-5-3415　営【開館期間】5月1日〜10月31日（休館日あり）、9時〜17時、11月1日〜翌年4月30日休館【入場料】一般600円、中学生以下無料

旭岳 あさひだけ[東川町]

▌北海道の最高地点へ、神々の遊ぶ庭を見に登る

標高2291メートル。北海道で最も高い大雪山国立公園にある旭岳の山頂。旭岳を含む大雪山系の山々はアイヌ語で「カムイミンタラ」と呼ばれ、神々の遊ぶ庭という意味。そんな崇高な場所だが、中腹までは大雪山旭岳ロープウェイでアクセスできるので、登山装備があれば中腹から山頂を目指すこともできる。

ホテルが数軒立つ旭岳温泉の一番奥にある山麓駅からロープウェイに乗る。旭岳の中腹にあたる標高1,600メートル地点の姿見駅までは10分ほどだ。姿見駅に降り立つと正面に噴煙上げる地獄谷とその奥に茶褐色の旭岳が見える。姿見駅周辺は軽装の観光客も多く、周囲にはいくつもの散策路が設け

られている。ハイマツなど厳しい気候が織りなす植生を観察しながら15分ほど登ると、姿見の池に到着する。観光客はここまでだ。準備をした者だけが、この先の絶景を目指して進むことを許される。周囲は森林限界を超え、植物はほとんどない火山れき地。砂れきの尾根をたんたんと上る。噴煙上げる地獄谷に吸い込まれないように注意しよう。高度を上げ、ニセ金庫岩が見え、

姿見の池越しに噴気孔がありすぐ近くまで行ける

紅葉シーズンは多くの人でにぎわう

ぐいぐい高度を上げていく登山道

道が左に曲がれば山頂はもうすぐ。2時間ほどで北海道の頂点に立てる。山頂からはみごとな展望が得られる。日本一早い紅葉の季節は多くの人でにぎわう。

山頂は平らになっていて360度の眺望　期間限定の姿見売店

ロープウェイからも見事な紅葉が見える

Data

所東川町旭岳温泉 ☎0166-97-2153（旭岳ビジターセンター）営【ビジターセンター】9時〜17時

187

上野ファーム うえのふぁーむ[旭川市]

春から秋へ何度でも通いたい、魅惑のガーデン

たとえ花好きでないとしても、ここへは行ってみた方がいい。スタッフが愛情いっぱいに手入れしたテーマガーデンの数々を見るにつけ、天国というものがあるとすればこういうところなのだろう、と思わずにはいられない。鏡合わせのように、左右対称に植物を植えた帯状花壇の「ミラーボーダー」。素朴な美しさを持つ野草たちと華やかな花とが混じり合う自然風庭園「ノームの庭」。大きな円を4つのブロックに分け、植物が放つ微妙な色の変化をバラと一緒に楽しむ「サークルボーダー」。どのコーナーも細部にわたって配慮が行き渡っている。

ガーデン内にはテイクアウトもできる「ナヤカフェ」もあり、「グリルと野菜のチキンカレー」（900円）のほか、見た目もかわいらしいメニューがたくさんある。ガーデン内の好きな場所で、ピクニック気分で味わえる。絶対行ってほしいのは少し歩いて上る「射的山」。頂上部分にはカラフルな7色に塗られたイスやブランコがあり、上川盆地を一望できる。

カフェの横にオープンテラス

写真家も魅了する庭の数々

頂上には白いブランコもあって人気

清々しい空気が流れる白樺の小道

射的山の頂上部分にある虹色のイス

カフェメニューはガーデン内で飲食が可能

駐車場のある入り口は2ケ所。こちらは西口

Data

所 旭川市永山町16丁目186 ☎0166-47-8741 営 4月下旬～10月中旬ごろ、10時～17時、期間中無休

189

就実の丘 しゅうじつのおか [旭川市]

北美瑛方面を望む

まっすぐな一本道がある

■ 近年人気のスポット、大雪山系を一望できる丘

　所在地としては旭川市なのだが、JR北美瑛駅の近く、ほぼ美瑛という場所にある眺望スポット。うねる畑の小高い部分にあって、旭岳がある大雪山系と美瑛岳方面がよく望める。名は付けられていないが、この丘からは、ジェットコースターのようなアップダウンのある直線道路が延びる。近年、人気急上昇の絶景スポットだ。就実とはこの地の地名。

> **Data**
> 所旭川市西神楽就実 ☎0166-23-0090（旭川観光コンベンション協会）

嵐山展望台 あらしやまてんぼうだい [旭川市]

■ 旭川市内を一望できる嵐山にある展望台

　嵐山は古くからアイヌ民族の人々にチノミシリ（我らが祈る山）と崇められてきた。標高は253メートル。京都の嵐山に風情が似ていることからその名が付けられた。旭川の市街地はもちろん、遠くに旭岳など大雪山連峰を見渡せる。駐車場から木道を歩くと、ウッドデッキテラスの展望台が現れる。ここはかつてのスキー場跡地。

　車でぐるっとまわることになるが、ふもとの一帯は「北の嵐山」として、丘陵地帯に陶芸やクラフト作家の工房やギャラリーが点在するアートなエリアになっている。

> **Data**
> 所旭川市江丹別町嵐山および鷹栖町 ☎0166-55-9779（嵐山公園センター）

北鎮記念館
ほくちんきねんかん[旭川市]

　かつて北の防衛拠点・軍都として発展してきた旭川の屯田兵や旧陸軍第七師団に関する資料が展示される。陸上自衛隊旭川駐屯地内にあり、開拓時代からの資料2,500点ほどが収蔵・展示されている。売店にはファンの心をくすぐるミリタリー品がいっぱいだ。

Data
所 旭川市春光町陸上自衛隊旭川駐屯地隣 ☎0166-51-6111(内線2496) 営9時～17時(4月～10月)、9時30分～16時(11月～3月)、月曜休館(月曜休日の場合は翌日)、年末年始閉館

旭橋
あさひばし[旭川市]

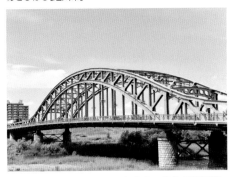

　旭川のロータリーから続く旭川のシンボルの一つ。ドイツから輸入した鋼で作られた美しいアーチ橋は1932年(昭和7年)に完成。北海道三大名橋として知られ、北海道遺産にも認定される。1956年(昭和31年)までは市内電車もこの橋の上を走っていたというから驚きだ。

Data
所 旭川市常盤3丁目～本町1丁目

三浦綾子記念文学館
みうらあやこきねんぶんがくかん[旭川市]

　『氷点』をはじめ多くの代表作がある、旭川出身の作家三浦綾子さん。その偉業の数々を展示する博物館。取材ノートや書斎などの展示もあり、外国樹種見本林の中に立つ。

Data
所 旭川市神楽7条8丁目2-15 ☎0166-69-2626 営9時～17時【7月1日～8月31日】毎日開館(無休)、【9月1日～翌6月30日】月曜休館【12月28日～1月5日】年末年始休館

川端市場
かわばたいちば[比布町]

　国道40号沿い、いつも賑わっている直売所。倉庫のような店内には所狭しと野菜や果物類が並んでいる。人気はその値段。なんといっても安いのだ。閉

店直前までレジには客が並んでいる。

Data
所 比布町基線5号877 ☎0166-85-3060 営10時～17時、水曜休み

黒岳ロープウェイ くろだけろーぷうぇい［上川町］

大雪山の一角をなす百名山の7合目までを上る

日本百名山の一つで、大雪山の一角をなす標高1,984メートルの黒岳。標高670メートルの層雲峡からロープウェイに乗り約7分で、5合目まで気軽にアクセスすることができる。初夏までは、残雪が描くゼブラ模様の風景が見られ、チングルマといった可憐な高山植物が咲き誇る。秋は一面の紅葉。冬はスキー・スノーシューと一年中魅力が絶え

ない。ロープウェイの終着駅には食堂があり、ラーメンや丼物、定食類のメニューがある。終着駅の屋上にはウッドテラスが設けられ、雄大なパノラマ風景が堪能できる。5合目より上に行く場合はペアリフトがあり、標高1,520メートルの7合目まで行ける。リフトを降りれば、ロッジもあり登山客で賑わい、アルペンムードがいっぱいだ。ここから黒岳の山頂までは登り1時間半、下りは1時間ほど。水や靴など軽登山の装備でトライしよう。

5合目となる終着駅外観

ペアリフトは15分ほどで7合目へ

層雲峡にあるロープウェイの山麓駅

101人乗り、7分ほどのロープウェイ旅

Data
所 上川町層雲峡温泉
☎01658-5-3031 営 6時～18時（6月～9月、季節により変動あり）

道央
道南
道北
オホーツク
釧路・根室
十勝

旭川空港公園グリーンポート あさひかわくうこうこうえんぐりーんぽーと[東神楽町]

この通路を進んだ先が展望スポット

いろんな人が集う公園

■ 飛行機の発着が間近で見られる空港隣接公園

　旭川空港のすぐ隣にあって、飛行機の発着が間近で見られる公園。公園専用の駐車場があり、エントランス広場からアスファルト敷きの通路を少し上った先にアートな形状の展望シェルターが設置されている。ここから、飛行機が飛び立つようすをじっくりと見ることができる。キーンという爆音とあいまって迫力いっぱいだ。

Data
所 東神楽町東2線16号

雄冬岬展望台／白銀の滝 おふゆみさきてんぼうだい／しらがねのたき[増毛町・石狩市]

展望台の外観。360度の眺望

展望台までは長い階段がある

■ 昭和の終わりごろまでの秘境地帯を散策する

　かつては「陸の孤島」として、断崖絶壁がつづく北海道三大秘岬のひとつとされた雄冬岬。集落の中から高台に上る道があり、階段と展望台が設置されている。標高135メートルの展望台からは日本海が一望できる。

　国道沿いに駐車帯があり、国道開通の記念碑が立てられた場所には豪快に流れる滝がある。落差は25メートルほど。夏は清涼をもたらし、冬は凍てつく氷瀑となり幻想的な姿を見せる。

Data
雄冬岬展望台 所 増毛町雄冬795 ☎0164-53-3332(増毛町商工観光課) 営 4月下旬～10月中旬
白銀の滝 所 石狩市浜益区雄冬 ☎0133-79-2029(石狩市役所浜益支所地域振興課)

増毛駅前
ましけえきまえ［増毛町］

かつてのにぎわいと郷愁がただよう駅前広場

JR留萌本線の増毛と留萌を結んだ区間は2016年に廃線。1921年（大正10年）に開業した増毛駅は昭和の終わり頃に駅舎を半分の大きさに縮小した経緯を持つ。廃線後、開業時の大きさに復元整備。終着駅の車止めやホームなどをそのままに一般公

ぐるめ食品のファサード

駅前広場から見える歴史的建物

増毛駅内の売店では加工品も販売

開している。建物内には売店「孝子屋ぐるめ食品」が営業し、キオスクをほうふつとさせる雰囲気で、地元の加工品などを販売する。

かつての駅前には木造3階建の「旧富田屋旅館」が堂々と立ち、当時のにぎわいを今に伝える。その隣には「風待食堂」といって映画撮影に使われた外観をそのままにした増毛町

観光案内所がある。昭和にタイムスリップした感覚が魅力だ。

復元整備された増毛駅前

Data
所 増毛町弁天町1丁目
☎0164-53-3332（増毛町役場商工観光課）

旧商家丸一本間家 きゅうしょうかまるいちほんまけ [増毛町]

明治時代の豪商のすごさがわかる建物群を見る

増毛の「ふるさと歴史通り」に面した歴史的建造物。明治初期から営業を続けてきた天塩國一の豪商・本間家の建物。本間家は「丸一本間」の屋号で、呉服商に始まりニシン漁の網元、海運業、酒造業など時代とともに多

明治後期に建てられた建物外観

内部には当時の貴重なものが随所にある

岐にわたる事業を展開。家屋もそれに伴い増築していった。木骨石造りの呉服店舗と呉服蔵（石蔵）が並ぶ。その間の玄関を入ると軟石を敷き詰めた通り庭の奥に、コの字型で天井の高い木造平屋建ての居宅と、木造一部三階建ての付属家があ

る。内部は見学することができ、往時のにぎわいを想像しながら歩きたい。国の重要文化財指定。

Data

所 増毛町弁天町1丁目 ☎0164-53-1511 営4月下旬～11月上旬、10時～17時、木曜休み（木曜日が祝日の場合はその前日）、7月・8月は全日開館

大工の技が光る空間にため息が出るほど

国稀酒造 くにまれしゅぞう[増毛町]

道央

道南

道北

オホーツク

釧路・根室

十勝

国内最北、明治時代からつづく日本酒蔵

国内最北の日本酒蔵。1882年（明治15年）創業。創業者は本間泰蔵氏。「國稀」「北海鬼ころし」が主力銘柄。暑寒別岳山麓からの良質な天然水にこだわり、南部杜氏の昔ながらの製法を守りつづけている。店内には売店

資料室には歴史が息づく

堂々とした外観

コーナーがあり、製造する日本酒はもとより、酒粕を使った珍味やまんじゅう、小物などが販売される。その先には製品庫を改造した資料室があり、壁一面に並べられたかつての製品を見学することができる。ここは歴史と伝統が伝わってくる部屋だ。一番奥には試飲コーナーがあり、20種類ほどのお酒を試飲することが可能だ。

各種並ぶ試飲コーナー

販売製品のラインナップ

Data

所 増毛町稲葉町1丁目17 ☎ 0164-53-9355（売店直通） 営 9時～17時（試飲コーナー9時～16時30分）、年末年始と不定休あり

港町市場／遠藤水産 みなとまちいちば／えんどうすいさん[増毛町]

店舗は増毛運上屋跡地に建つ

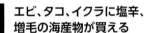

新鮮な海産物が並ぶ

┃ エビ、タコ、イクラに塩辛、増毛の海産物が買える

　創業は1954年。以来70年近くにわたって増毛を本社に、地元で獲れる魚介類を加工・販売する店。増毛漁港が目の前にある店舗では、水槽に入れられた「活ほたて」や特大の「甘海老」のパックが並ぶ。

Data
所 増毛町港町4-26 ☎0164-53-3119 営 9時〜16時、火曜休み

北日本水産物（株）直営店 きたにほんすいさんぶつちょくえいてん[増毛町]

いろいろな加工品があって楽しい

大きな駐車場もある店舗

┃ 地元・増毛の水産加工会社が運営する直営店

　昭和初期よりニシンを中心とした加工業から始まり、水産物加工を行う会社の直営店。道産のニシンと数の子を甘酢で締めた「にしんの親子漬」が人気。メニの屋号が品質を示す「ぬかにしん」や「甘えび塩辛」「たこのやわらか煮」などが売れている。甘えび、鮮魚なども販売される。

Data
所 増毛町畠中町1丁目 ☎0164-53-3888 営 9時〜17時、月曜休み

増毛厳島神社
ましけいつくしまじんじゃ[増毛町]

　1706年(宝永3年)に運上屋を設けた商人・村山伝兵衛が弁財社を祭ったのが始まり。本殿は1901年(明治34年)に建築。新潟の彫刻師が2年をかけた入念な彫刻が印象的。

Data
所 増毛町大字稲葉町3丁目38番地　☎0164-53-2306

増毛フルーツワイナリー
ましけふるーつわいなりー[増毛町]

　増毛の果樹園で採れるリンゴを原料に「増毛シードル」を製造・販売。その直売所がある。醸造所の一角に設けられた小さな売店ではこだわりの製品が買える。

Data
所 増毛町暑寒沢184-2　☎0164-53-1668　営 10時〜17時、火・水曜休み

黄金岬　おうごんみさき[留萌市]

岬にある売店と、その上には海のふるさと館

岩礁地帯に岬が突き出す

夕陽はもちろん、日本海を望む景勝地

　日本海を望むビュースポットで、夕陽は絶景。「日本の夕陽百選」にも選ばれている。周辺は柱を積み重ねたような荒々しい奇岩が幾つも並び、独特な景観を見せている。売店が数軒並び観光地の様相。高台の部分に「海のふるさと館」があり、留萌の歴史などを紹介している。

Data
所 留萌市大町　☎0164-43-6817(留萌観光協会)

きしはた鮮魚店
きしはたせんぎょてん [留萌市]

旧JR留萌駅の駅前、自由市場の真向かいにある。店舗壁面には「日本一新鮮で安い魚や」との文字が。店内には旬の鮮魚や加工品などが並ぶ。

Data
所留萌市栄町2丁目3 ☎0164-42-3632 営8時～17時30分、不定休

大判焼
おおばんやき [留萌市]

旧JR留萌駅近く、沿岸バスの隣に留萌っ子のソウルフード「豚ちゃん焼」を売る店。ひき肉とタマネギにコショウを効かせたカレー味が特徴。開店は1974年だ

から、半世紀近く地元の人々に愛されている。

Data
所留萌市栄町1丁目4番3号 ☎0164-42-5944 営10時30分～17時、土日休み

留萌駅前自由市場　るもいえきまえじゆういちば [留萌市]

青果店には果物と野菜がいっぱい

駅前の交差点角地に立地

▌昔ながらの雰囲気が今もある留萌駅前の市場

旧JR留萌駅前にある市場。鮮魚店、青果店、肉店、かまぼこ店の4店が入る。中心的な存在は留萌の老舗魚屋「長田鮮魚店」。創業60余年、3代目が経営を守る。地元で獲れる新鮮な魚、春はカレイやニシン。夏はウニ。秋はサケを格安で販売する。食べ方や、さばき方がわからなければ聞いてみよう。「鈴木かまぼこ店」には、注文してからその場で揚げる「揚げたてコーナー」がある。かまぼこの詰め合わせセットもあるので利用したい。

Data
所留萌市栄町1丁目1-10 ☎0164-42-2547（長田鮮魚店）営8時30分～17時30分、不定休

田中青果留萌本店
たなかせいかるもいほんてん[留萌市]

1931年（昭和6年）創業。八百屋から始まり、今は「やん衆にしん漬」を看板商品に、漬物やピクルス類をおしゃれに販売する店。親切なスタッフに相談しなが ら、素材のうま味を引き出した手仕事を選びたい。

Data
所留萌市栄町2-4-24 ☎0164-42-0858 営10時〜18時（平日）、9時〜18時（土日祝）、不定休

留萌おみやげ処 お勝手屋 萌
るもいおみやげどころおかってやもえ[留萌市]

留萌市内、駅前近く。留萌観光協会が運営するアンテナショップ。店内には「留萌にしんソーラン巻」といったニシンに関連する海産加工品や「にしんパイ」といったスイーツ類が販売さ れる。元銀行だった建物の金庫部分は「開運部屋」になっている。

Data
所留萌市栄町3丁目2-13 ☎0164-43-1100 営9時〜18時、4月〜12月無休、1月〜3月は水曜休み

道の駅おびら鰊番屋 みちのえきおびらにしんばんや[小平町]

供給施設はいわゆる食堂と売店でニシン関係のメニューが豊富。観光交流センターには売店と軽食コーナーが人気のほか、2階には「歴史文化保存展示ホール」があり、ここは無料の施設。開拓当時の品が展示され充実している。

▋最大級の鰊番屋が見学できる日本海に面した道の駅

小平の市街地を抜け、北へ14キロほど進んだ先にある道の駅。観光交流センターと食材供給施 設、それに旧花田家番屋の3棟が並んでいる。濃いグレーの大きな木造2階建の番屋は国指定の重要文化財。北海道に現存する鰊番屋としては最大級だ。内部は有料だが自由に見学ができる。食材

Data
所小平町字鬼鹿広富35番地の2 ☎0164-57-1411 営8時〜17時（5月〜10月）、9時〜16時（11月〜4月）、月曜休み（ただし6月第3月曜〜8月第2月曜は無休）、12月〜3月は冬季休館

臼谷漁港直売店通り うすやぎょこうちょくばいてんどおり[小平町]

阿部商店の浜ゆでタコ

お願いすればその場で殻も外してくれる

地元漁師の個人直売所が並ぶユニークな通り

臼谷漁港がある海側の1本仲通りに、漁師さんたちの直売店10軒がずらりと並ぶ市場のような通りがある。直売店あり、加工場あり。作業しながら前浜で揚がった海産物を販売してくれる。名物のタコやホタテは通年で、夏はウニ、秋は鮭トバなどが人気の品。その時々に揚がる魚介が驚きの価格で買える。なお、各店舗は個人経営の店なので営業時間などは個別に問い合わせてほしいとのこと。

Data
所 小平町臼谷

オロロンライン小平〜苫前間

201

十勝岳望岳台

とかちだけぼうがくだい［美瑛町］

十勝岳連峰と富良野盆地が一望できるパノラマスポット

道道966号・十勝岳美瑛線から少し上がった場所にある絶景を楽しめるスポット。駐車場と十勝岳望岳台シェルター（無料休憩所）が完備されている。ここは標高930メートル地点。日本百名山の十勝岳（標高2,077メートル）の中腹にあたり、この地から山頂を目指す登山者たちが出発していく。

アスファルト敷きの駐車場が整備

十勝岳望岳台シェルターの内部

砂れきの台地には、いたるところにケルン（登山道などの道標として石を積み上げたもの）が点在し、独特のアルペンムードを作り出している。見上げれば正面に噴煙を上げる十勝岳。その横に美瑛岳や美瑛富士、北海道最高峰の旭岳といった十勝連峰を一望できる。眼下には富良野盆地の展望が開ける。夏は避暑地として、秋は十勝岳連峰をバックに紅葉の名所となる。

シェルター内は無料で利用が

大小さまざまなケルンが印象的だ

できる休憩所のようになっている。イスやテーブルが置かれるほか、十勝岳に関するパネル展示などがあって興味深い。

Data

所 美瑛町白金　☎0166-92-4378（美瑛観光案内所／四季の情報館内）　営 冬季閉鎖期間有

白金青い池 しろがねあおいいけ［美瑛町］

神秘的なブルーの水、美瑛を代表する観光スポット

　一躍、世界的にも知られる人気観光スポットとなった。道の駅「白金ビルケ」から2キロ先にある人造池。付近の湧水に含まれるアルミニウム成分などが光を反射して、水がエメラルドブルーに見えると言われている。

　元は十勝岳の防災工事の一環で、美瑛川本流にいくつか建設されたせき堤のひとつに水がたまったもの。立ち枯れたカラマツが幻想的な姿となり、地元のカメラマンが写真集でこの神秘的な風景を発表。写真愛好家を中心に話題となり、2012年に米国アップル社OSの壁紙のひとつに採用されたことから世界的な観光地になった。

　アスファルト敷きの大きな駐

休憩スペースと売店施設が設置された

車場が整備され、売店も開設されている（売店は冬季は閉鎖）。冬もライトアップされ、夏とは異なる雰囲気で人々を集めている。

池の奥に行くと広く盛り土された場所もある

Data

所 美瑛町白金 ☎0166-92-4321（美瑛町商工観光交流課） 営【駐車場利用時間（有料）】7時〜19時（5月〜10月）、8時〜21時30分（11月〜4月）

203

ぜるぶの丘 ぜるぶのおか[美瑛町]

ナチュラルな売店コーナー

レストランコーナー

▌色とりどりの花が咲く丘を バギーやカートで巡る

　美瑛町を走る国道237号沿い。ラベンダー約3,000株を始め、ポピーやひまわりなど色とりどりの花を楽しめる丘。「ぜるぶ」とは、「かぜ」「かおる」「あそぶ」の各後ろの三文字をとって名付けられた。斜面上部には展望台があり、CMで有名になった「ケンとメリーの木」などを眺めることができる。受付にはカートとバギーがあり、園内を回る楽しみも。カフェもあり、オーガニックコーヒーやカレーなどが味わえる。入場料や駐車料は無料の施設だ。

Data

所 美瑛町大三 ☎0166-92-3160 営5月～10月上旬、9時～17時、不定休、冬期休業(冬期は0166-92-3315)

白ひげの滝 しらひげのたき[美瑛町]

い色を見せながら流れていく。白ひげの滝のすぐ上流で、尻無沢川や硫黄沢川といった十勝岳の山体から流れ出る川が、美瑛川に合流している。

　ちなみに、この川の途中にあるのが人気スポット「青い池」だ。ところでなぜ、青く見えるのか。火山から流れ出す水には「ケイ酸アルミニウム」がふくまれており、この粒子は赤い光を吸収し、青い光を散乱させる性質があるため、美瑛川の水は青く見えるのだそう。

▌橋の上から手軽に眺める 白い糸の滝とブルーの川

　白金温泉街の中にある人気スポット。ホテルパークヒルズの裏手にあり、通称「ブルーリバー橋」と呼ばれる橋の上から眺めることができる。白いヒゲのように見える滝は、美瑛川の岸壁からしみ出た地下水。落差30メートルの白い糸のような滝は、美瑛川に注がれブルーリバーとして美しい青

Data

所 美瑛町白金 ☎0166-92-4378 (美瑛観案内所／四季の情報館内)

北西の丘展望公園 ほくせいのおかてんぼうこうえん［美瑛町］

展望施設からは山並みが一望できる

売店やフォトギャラリーが並ぶ

大雪山連峰や十勝岳連峰が一望できる公園

美瑛の街並み越しに、大雪山連峰の雄大な景色が見える展望公園。広い駐車場が整備され、ピラミッド型の展望台がある。周囲には2軒の写真家のギャラリーがあり美しい美瑛の風景写真が見られるほか、ポストカードとして購入もできる。売店ではコロッケなどがテイクアウト可能だ。

Data
所 美瑛町大久保協生

拓真館 たくしんかん［美瑛町］

敷地内にある白樺並木の回廊

美瑛の丘風景を広めた写真家のギャラリー施設

風景写真家である故前田真三氏が1987年（昭和62年）に開設した写真ギャラリー。館内には前田氏がライフワークとして取り組んできた美瑛の「丘風景」が多数展示されている。代表作「麦秋鮮烈」をはじめ、美瑛の美しい四季の一瞬をとらえた作品にこころを打たれる。現在は氏の孫である景氏が移住し、夫人が敷地内にレストランを営業する。

Data
所 美瑛町字拓進 ☎0166-92-3355 営 9時〜17時（5月〜10月）、10時〜16時（4月、11〜1月）、水曜休み（1月下旬から4月中旬まで冬季休業）

美瑛選果　びえいせんか [美瑛町]

野菜たちが大切に扱われている

左は「しゅまり小豆のソフト」(390円)

丘のまちのおいしさが全部そろうアンテナショップ

「直売所に洗練を、アンテナショップに地元の香りを」をテーマに、JAびえいが運営する食のショールーム。採れたて野菜と加工品が販売される「選果市場」と、季節のスイーツや軽食がテイクアウトできる「選果工房」、美瑛産の小麦を使った工房直売のパンを売る「小麦工房」に加え、フレンチレストラン「アスペルジュ」から構成される。

Data

所美瑛町大町2丁目 ☎0166-92-4400 営【選果市場】9時〜18時【レストラン】11時〜19時 ※営業時間、休業は施設、時期により異なる

フラワーランドかみふらの　ふらわーらんどかみふらの [上富良野町]

館内入り口。反対側が花畑だ

人気のトラクターバスは乗車時間約10分

十勝岳連峰を背景にお花畑が広がるビュースポット

10万平方メートルという広大な花畑を、遊覧トラクターバスで巡ることができるフラワーパラダイス。扇状の花畑には初夏にかけて色とりどりのきからしが咲き、7月にはラベンダーが畑を紫色に染める。夏から秋にはマリーゴールドやキンギョソウが周囲を彩る。本館では各種おみやげが販売され、メロンの直売コーナーもあって人気。体験コーナーではラベンダーを使ったまくらづくりや、押し花ハガキづくりなどが体験できる。

Data

所上富良野町西5線北27号 ☎0167-45-9480 営【花畑】6月〜9月【売店】3月〜11月、9時〜クローズは季節により異なる、12月〜2月は休業

後藤純男美術館 ごとうすみおびじゅつかん［上富良野町］

建物の外観、隣には駐車場が隣接

両方に眺めのいいレストラン店内

▎風光明媚な立地に佇む日本画家の美術館

千葉県に生まれ、日本画家として活動。後に東京藝術大学の教授を務めた後藤純男氏（1930-2016）の作品約130点を展示する美術館。1997年（平成9年）、自らが建て、開館。横幅14メートルの絵巻のような大作もあり、圧倒される。

館内2階はレストランで十勝連峰の山々と、美しい丘を眺めながら食事ができる。

Data
所 上富良野町東4線北26号 ☎ 0167-45-6181 営 10時～17時（4月～10月）、～16時（11月～3月）、レストランは11時から

かんのファーム かんのふぁーむ［上富良野町］

各種ラベンダーグッズが販売される

花苗などを扱う直売所もあり

▎国道から見える丘斜面を彩る花々を鑑賞する

国道237号は「花人街道」と名付けられ、十勝岳連峰と富良野盆地が織りなす独特な風景が堪能できる。その美馬牛付近の国道沿いにある花の名所。国道に面してゆるやかな丘にはラベンダーのほか、赤や黄色の色鮮やかな花々が植えられ、美しい丘風景を見せる。売店「きん・こん・かんの」では、ラベンダーグッズやクラフト作品を販売。農園で収穫されたジャガイモやトウモロコシなども味わえる。

Data
所 上富良野町西12線北36号 ☎ 0167-45-9528

207

日の出公園ラベンダー園 ひのでこうえんらべんだーえん［上富良野町］

丘一面に広がるラベンダーと十勝岳連邦を見る

ラベンダー栽培がさかんな上富良野町。このまちにあって小高い丘から紫色のラベンダーに包まれる公園施設。場内は一方通行。ぐんぐん坂道を上った

頂上部分にある展望施設

やまみるトイレは新しく清潔

一面に咲くラベンダーにうっとり

先に駐車場があり、展望施設とトイレがある。「愛の鐘」アーチをくぐった先は一面ラベンダー畑だ。早咲きで濃い色合いの「早咲3号」や遅咲きの「オカムラサキ」などの品種が植えられ、あた

りはいい香りに包まれる。ちなみにトイレは「やまみるトイレ」と名付けられ、その名のとおり十勝岳連峰を見ながら用を足せる。公園の南東側にはオートキャンプ場があり、コテージやバンガローも整備されている。

Data
所 上富良野町東１線北27号 ☎0167-39-4200※日の出公園オートキャンプ場

ジェットコースターの路 <small>じぇっとこーすたーのみち［上富良野町］</small>

スタート地点には看板がある

いかにも北海道らしい道だ

畑風景の中、急降下と急上昇がある直線の町道を走る

まさにジェットコースターに乗っているかのようなアップダウンがある直線道路。十勝岳連峰を背景に美しいパッチワークのような畑を見ながら走ることができる約4.5キロの道。アップダウンの谷部分には一時停止標識があるのでご注意を。

Data
所 上富良野町西11線北付近 ☎0167-45-6983（上富良野町役場 企画商工観光課）

千望峠 <small>せんぼうとうげ［上富良野町］</small>

道道581号にある、さほど高くはない標高約330メートルの峠。駐車公園からは十勝岳連峰と富良野盆地を一望できる。トイレ、展望台が利用できる。

Data
所 上富良野町千望峠 ☎0167-45-6983（上富良野町役場 企画商工観光課）※冬季は見学不可

パノラマロード江花 <small>ぱのらまろーどえはな［上富良野町］</small>

小高い丘から富良野盆地に向かって約5キロの直線道路が延びる。道道581号沿い。「かみふらの八景」の標識が目印だ。

Data
所 上富良野町西3線北付近 ☎0167-45-6983（上富良野町役場 企画商工観光課）

ファーム富田 ふぁーむとみた[中富良野町]

ラベンダー畑とカラフルな花の帯が見られる

富良野を代表する、ラベンダーと花の観光農園。明治後期に初代富田徳馬氏がこの地に鍬を入れたことに始まる。1958年（昭和33年）、ラベンダー栽培を開始。オイル生産に乗り出すものの、安価な輸入香料により需要減に。畑は存続の危機に陥った。そんな1976年（昭和51年）、たまたま国鉄のカレンダーによってラベンダー畑が全国に紹介された。以来、全国から観光客が訪問するようになり、現在に至るのだ。ラベンダーの最盛期は7月中旬。だが、4月中旬から10月中旬まで、ファーム内ではさまざまな花を観賞できる。園内にはカフェが2カ所あり、ソフトクリームをはじめとするスイーツのほか、カレーなどのメニューを提供する施設もある。

テラス席が用意されている

「花人の舍」はファームのウェルカムハウス

Data

所中富良野町基線北15号 ☎0167-39-
3939 営9時〜17時（時期・施設により変動
あり）

ラベンダー畑はいい香りがただよう

土の館
つちのやかた[上富良野町]

農機具メーカー・スガノ農機(株)が設立した民営の博物館。本館の1階展示場は創業者である"菅野豊治"と語る館」。2階は「世界のプラウと土の展示室」。少し離れてトラクタ博物館、プラウ館があり、93台もの世界のクラシックトラクターが常設展示。

Data
所 上富良野町西2線北25号 ☎0167-45-3055 営9時〜16時、不定休(HPの開館カレンダーで要確認)

とみたメロンハウス
とみためろんはうす[中富良野町]

極上の富良野メロンが並ぶ直売所を中心とするメロンのテーマパーク。富良野メロンや季節ごとの旬の野菜も直売していて、持ち帰りはもちろん直送もできる。店内ではカットメロンのほか、メロン果肉を添えたソフトクリームやスムージーなども販売。

Data
所 中富良野町宮町3-32 ☎0167-39-3333 営6月〜9月(メロン収穫時期により変動)、9時〜17時

富良野ジンギスカン ひつじの丘
ふらのじんぎすかんひつじのおか[中富良野町]

店内は開放的なオープンエアー

ミシュランガイドにも載る絶景ジンギスカン店

中富良野の市街地から西へ約11キロ。富良野盆地を見下ろす高台にある人気のジンギスカン店。「サフォーク」「ミルクラム」「白ひつじ」といった3種類のジンギスカンが特製のタレとともに味わえる。店内は屋根がかかったオープンテラス。さわやかな風が通り、雄大な景色を見ながら食事ができる。なお、こちらは中富良野本店で、冬には富良野店がオープンすることもある。店の奥はキャンパーに人気のキャンプ場だ。

Data
所 中富良野町ベベルイ ☎090-9433-9906(通年) 営4月27日〜10月14日(期間中無休)、11時〜15時(L.Oは14時30分)

ふらのワイン工場 ふらのわいんこうじょう[富良野市]

樽貯蔵庫

売店では限定商品もある

▌ふらのワインを見て、買って、味わう施設

富良野市街を見下ろす小高い場所にあるワイン工場。工場の一部を見学でき、試飲ができる売店がある。館内入って地下1階に降りると、瓶熟成庫や樽熟成庫を見学することができる。ふらのワインの歴史や作り方などのパネル展示が興味深い。有料試飲コーナーの奥がショップになっている。各種ワインや限定商品などが並ぶ。一番人気は「ツバイケルトレーベ」。5年熟成の本格派だ。

Data
所 富良野市清水山 ☎0167-22-3242 営9時〜17時、無休（年末年始を除く）

フラノマルシェ ふらのまるしぇ[富良野市]

▌富良野の食や農産物が一同に集い味わえる

富良野市の中心部、国道38号に面して建つ複合商業施設。オープンは2010年。中庭となるイベント広場を中心に、農産物直売所やスイーツカフェ店、土産品店に飲食店などが並ぶ。隣接するフラノマルシェ2と合わせて、17店舗ほどが集まっている。富良野の食文化を通じて老若男女が集い交流できる施設を目指す、いつも立ち寄りたい人気のスポット。

富良野の土産が並ぶ

Data
所 富良野市幸町13番1号 ☎0167-22-1001（総合案内） 営10時〜18時（夏季は19時まで）※全館休業日あり

風のガーデン

かぜのがーでん［富良野市］

テレビドラマの舞台となったガーデンを散策する

新富良野プリンスホテルの敷地内にある約2,000平方メートルのブリティッシュガーデン。倉本聰氏脚本のテレビドラマ「風のガーデン」のロケ舞台となった場所。富良野の気候に合う宿根草を中心に2万株ほどが植えられ、季節ごとに450種類以上の草花が咲く。受付から無料の

受付施設はニングルテラスの一番横奥

薔薇の庭の一角

送迎ワゴン車に乗って移動、広い園内は自由に散策ができる。小路を進んだ先には「グリーン

ハウス」という建物があり、ドラマのセットが展示される。「薔薇の庭」には文字通りバラが見事な花を咲かせている。

咲いている花が写真つきで掲示される

グリーンハウス内のドラマセット

Data

所富良野市中御料 ☎0167-22-1111（新富良野プリンスホテル）営4月下旬〜10月中旬※開園時間は季節により異なる

唯我独尊 ゆいがどくそん［富良野市］

入り口のようす、いつもは行列だ

ナチュラルな木のぬくもりがあふれる店内

▌おかわり必須のルーカレーを味わう人気店

いつ行っても行列ができている。富良野市の中心部、駅前近くにある人気カレー店。店主が率いる自然と食とカレーの融合がテーマのお店。木のぬくもりあふれる手作り風店内は、1階テラスと2階テラス席があり、開放感バツグン。風が心地よいアウトドア空間でスパイシーなルーカレーを味わえる。ルーのおかわりは合言葉で。

Data
所富良野市日の出町11-8 ☎0167-23-4784 営11時～20時30分L.O.、月曜休み

富良野チーズ工房
ふらのちーずこうぼう［富良野市］

ガラス越しにチーズの製造室や熟成庫を見学することができる。2階の直販コーナーではチーズの試食ができるほか、工房で製造したチーズ、牛乳・バターを使用した菓子類などが販売されている。

Data
所富良野市中五区 ☎0167-23-1156 営9時～17時（4月～10月）、～16時（11月～3月）※ピッツァ工房は10時30分～16時、無休（年末年始を除く）

ニングルテラス
にんぐるてらす［富良野市］

新富良野プリンスホテルの駐車場を挟んだ森の中、15棟のログハウスが連なるショッピングエリア。それぞれの店舗で個性あふれるクラフト作品などを展示・販売する。

ログ店舗の中はそれぞれ異なる

Data
所富良野市中御料 ☎0167-22-1111（新富良野プリンスホテル代表）営12時～20時45分※営業時間、休業は各店舗により異なる

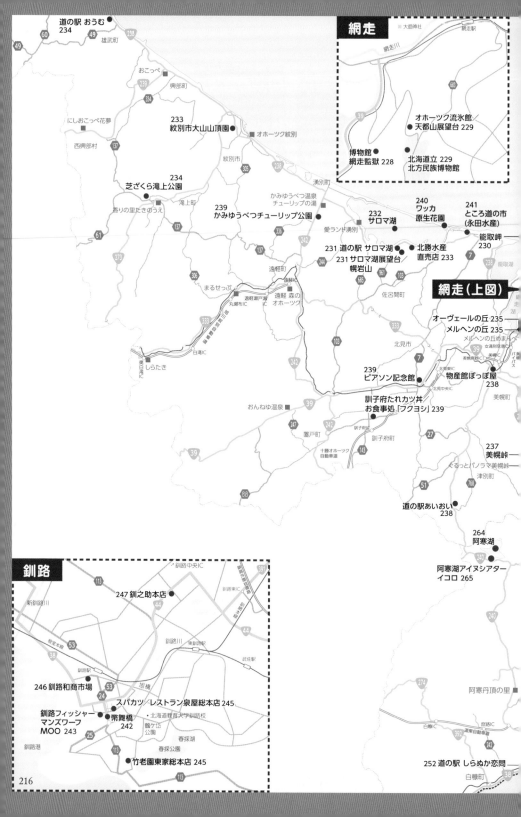

道の駅 おうむ 234

網走

■大曲神社

オホーツク流氷館／
天都山展望台 229

博物館
網走監獄 228

北海道立 229
北方民族博物館

233
紋別市大山山頂園

オホーツク紋別

234
芝ざくら滝上公園

かみゆうべつ温泉
チューリップの湯

239
かみゆうべつチューリップ公園

232
サロマ湖

240
ワッカ
原生花園

241
ところ道の市
（永田水産）

能取岬
230

231 道の駅 サロマ湖

北勝水産
直売店 233

231 サロマ湖展望台／
幌岩山

網走（上図）

遠軽 森の
オホーツク

オーヴェールの丘 235
メルヘンの丘 235

メルヘンの丘めまん

北見市

239
ピアソン記念館

物産館ぽっぽ屋
238

訓子府たれカツ丼／
お食事処「フクヨシ」239

おんねゆ温泉

美幌峠
237

ぐるっとパノラマ美幌峠

道の駅あいおい
238

十勝オホーツク
自動車道

264
阿寒湖

阿寒湖アイヌシアター
イコロ 265

釧路

247 釧之助本店

246 釧路和商市場

スパカツ／レストラン泉屋総本店 245

釧路フィッシャー
マンズワーフ
MOO 243

幣舞橋
242

・北海道教育大学釧路校

阿寒丹頂の里

竹老園東家総本店 245

252 道の駅 しらぬか恋問

白糠町

216

オホーツク・道東エリアMAP

オホーツク・釧路・根室管内のスポットを掲載しています。

カムイワッカ湯の滝 220

223 フレペの滝遊歩道
223 知床自然センター
知床五湖 218

225 ウトロ漁協婦人部食堂
225 道の駅うとろ・シリエトク

266 道の駅 知床・らうす
265 羅臼国後展望塔

オシンコシンの滝 222

流氷街道網走
網走市立郷土博物館 230
北浜駅 230   237
小清水原生花園
（はなやか（葉菜野花）小清水）しれとこ屋
斜里工房 225

天に続く道 224

根室

エスカロップ／
255 食事と喫茶どりあん

254 根室海鮮市場

根室駅前
花咲ガニ専門店 254

根室市
観光インフォメーション
センター 255

← 根室IC

ランドひがしもこと

ひがしもこと
芝桜公園 236

さくらの滝 226

砂湯／屈斜路湖 261
川湯ビジターセンター 265
神の子池 227
硫黄山
263
摩周湖 262
裏摩周展望台 263

266
まちの駅
標津サーモンプラザ

開陽台 259

野付半島
256

和琴半島（屈斜路湖）260

900草原
259

多和平 258

255
根室金刀比羅神社

254
鈴木食堂

根室（上図）

納沙布岬
253

明治公園
255

スワン44ねむろ

釧路市
湿原展望台 244
細岡展望台 245

247
道の駅
厚岸グルメパーク

霧多布湿原
センター 251

霧多布岬 249

やちぼうずカフェ 251

琵琶瀬展望台 251

北太平洋シーサイドライン 250

釧路（左頁図）

厚岸漁業協同組合直売店
エーウロコ 248

217

知床五湖

しれとこごこ［斜里町］

■ 世界自然遺産をぐるっと 体感して歩く5つの湖

　世界自然遺産である知床のメインスポット。原始の森に5つの湖が点在し、高架木道と地上遊歩道の2つの道が整備されている。このあたりはヒグマの生息地であることから、散策にはちょっと複雑なルールがある。有料の駐車場奥からスタートできる高架木道は、気軽に散策を楽しみたい人向け。開園中は自由に無料で利用ができる。一湖まで全長800メートルほど延びていて、展望台なども設置されている。しっかり5つの湖を堪能したい人は、時期によって「レクチャーを受けて散策」と「ガイドツアー限定」に分かれる。どちらの利用も、大ループといって五湖をすべて回るコースと、小ループといって一湖と二湖を回るコースがある。せっかく知床にまで来たのならば、時間をとってネイチャーガイドさんの説明を聞きながらのツアーが断然おすすめだ。

すぐ近くに一湖がある

ツアーのスタート、ゴール地点

湖畔展望台。ここから地上へは下りられない構造になっている

フィールドハウスにあるジオラマ模型

「鹿肉バーガー」や「こけももソフトクリーム」が人気

木道は高さ2〜4メートル。周囲に電気柵が張ってあり、ヒグマの侵入を防ぐ

Data

所 斜里町遠音別村 字岩宇別 ☎0152-24-3323（知床五湖フィールドハウス）営 フィールドハウスで散策手続きが必要。開館時間は季節により異なるため、HPで確認を

カムイワッカ湯の滝

かむいわっかゆのたき〔斜里町〕

駐車場として利用している部分

スタート地点のようす

落石のため現在の最終地点

ほぼ中間地点から下流を見る

滝壺では子どもは水遊び?いや入浴中

温泉流れる渓流で沢登りと足湯が楽しい湯の滝

　知床を訪れるならば、ここはぜひお薦めしたい。温泉が流れる渓流を上って、温泉の滝壺で足湯が楽しめるスポット。

　場所は陸路で向かえるウトロ側の最終地点。「知床五湖」より約11キロ、砂利道のダートを走る。道幅が狭く、すれ違う車も多いので慎重に進みたい。滝周辺に到着すると係員がいて数十台の駐車スペースを確保すべく、交通整理をしている。混んでいる時は順番待ちとなる。なお、8月のお盆期間は混雑のためマイカーやバイクは規制される。シャトルバス(有料)に乗らなくてはならないのでご注意を。

　滑り止めのついた靴下か、かかと固定のサンダル、もしくは長靴をはいて準備。スマホなど落し物には万全の注意を払って川に入ろう。ゆるい渓流を少し上ると、「一の滝」という場所が現れる。ここの滝、岩壁はスリル満点。手を使って四つんばいで慎重に登りたい。現在はその上で通行止めになっている。

　流れるお湯の温度は30度ほど。上流に行くほど温かい。川は温泉が流れていることから、魚などは一切いない。登りよりも、下りのほうが難しく勇気がいる。ケガにはじゅうぶんに注意して遊んでみてほしい。

写真のソックスがタオルとセットで販売されている

Data
所斜里町遠音別村 ☎0152-22-2125(知床斜里町観光協会)

221

オシンコシンの滝 おしんこしんのたき[斜里町]

道央

道南

道北

オホーツク

釧路・根室

十勝

知床半島最大、日本の滝100選にも選ばれる滝

網走や斜里方面から国道334号を走って知床を目指す時、最初に立ち寄りたいスポットがここだ。海岸線を走る国道の山側に細長く大きな駐車場がある。売店とトイレ棟の横に、案内

広い駐車場、大型バスも停車する

看板があり、流れ落ちる大きな滝を見ることができる。

階段を上るとさらに滝に近づき、真正面から見ることが可能。一番上まであがると、その水しぶきがかかるほどの大迫力だ。そのため、周囲の空気はひんやり冷たい。オシンコシンの滝は知床半島で最大の滝。落差は30メートルほど。日本の滝100選にも

国道からもよく見える滝

選ばれている。滝はよく見ると、途中でふたつの筋に分かれているため、別名「双美の滝」とも呼ばれる。名前の由来はアイヌ語で「川下にエゾマツが群生するところ」を意味する「オ・シュンク・ウシ」から転じたそうだ。

Data

所 斜里町ウトロ西 ☎0152-22-2125（知床斜里町観光協会）

階段を上ると正面から見られる

フレペの滝遊歩道／知床自然センター ふれぺのたきゆうほどう／しれとこしぜんせんたー[斜里町]

乙女の涙と呼ばれる滝を見に森の中の遊歩道を歩く

「知床自然センター」は無料の情報拠点センターで知床の各スポット情報や最新の状況などが掲示されている。土産グッズの販売や、双眼鏡や長靴などのレンタル（有料）もある。館内にはザ・ノース・フェイスとヘリーハンセンの店舗があり、カフェコーナーも併設している。

ヒグマに注意しながら歩く

カフェコーナーや映像コーナーも充実

遊歩道出発地点。ヒグマ出没情報もある

名所・フレペの滝まではここから片道約1キロ。20分ほどのトレッキングだ。周囲は知床の自然が凝縮された道がある。スタート部分は森の雰囲気。だんだんと先端に近づくとササの草原地帯になる。風のない日にはエゾシカの姿もよく見られる。その先に展望台があり、高さ100メートルの断崖絶壁からオホーツク海に流れ落ちるフレペの滝を見ることができる。この滝は、

しとしとと流れ落ちる様子から別名「乙女の涙」とも呼ばれる。

Data

所斜里町大字遠音別村字岩宇別531番地 ☎0152-24-2114（知床自然センター）営8時〜17時30分（夏期営業4月20日〜10月20日）、9時〜16時（冬期営業10月21日〜4月19日）、夏期無休、冬期休館日あり

223

天に続く道 てんにつづくみち[斜里町]

知床ドライブで回り道してでも走りたい絶景ロード

近年、人気の一本道。この道は、できればウトロ側から小清水・網走方面へ向かうように走りたい。国道334号の峰浜地区に小さな案内看板が出ている。そこから小高い丘に向かう。もうすでにこの道もストレートな絶景ロードだが、2.3キロほど進むと

道路に建てられた案内看板

写真撮影用の場所が整備されている

「天に続く道スタート地点」という場所が整備されている。このスタート地点を右に曲がった先が総延長28.1キロという、まさに天に続くように見える一本道が延びている。

スタート地点は畑のど真ん中。アスファルト敷きの駐車スペースが数台分あり、木製の撮影デッキが道端に

整備されている。ここから国道334号〜244号〜道道を含めた部分が直線道路だ。厳密には完全なる直線ではないものの、アップダウンがありうねるようなストレートロードを走ることができる。もちろん、反対側からも爽快な一本道を堪能できる。

乗用車専用の駐車場がある

Data

所 斜里町峰浜（国道334号・244号線） ☎0152-22-2125（知床斜里町観光協会）

斜里工房しれとこ屋 しゃりこうぼうしれとこや[斜里町]

オホーツクの海で水揚げされた魚類

斜里漁港で水揚げされた魚介類が販売される店

斜里のまち中にある道の駅「しゃり」に隣接する、専門店が集まった商業施設。1936年（昭和11年）創業、地場産の鮮魚や加工品、知床しゃりブランド品などを販売する「野尻正武商店」。農家直送で自家精米のお米と土産物を扱う「長太農場斜里店」。柔らかく旨味が強い阿寒ポークで作られた豚丼とオリジナル知床ラーメンが味わえる「知床くまうし」の3店舗がある。道の駅で休憩の際は立ち寄り必須の施設だ。

Data
所 斜里町港町1（道の駅しゃり隣） ☎0152-23-6835 営9時30分〜18時、年末年始休み

道の駅うとろ・シリエトク
みちのえきうとろ・しりえとく[斜里町]

世界自然遺産に登録される知床。その入り口にあたるウトロ市街地にある道の駅。国道334号に面して建っている。館内入って右手はレストラン。海鮮ものの丼物や定食類が食べられる。左手には売店とウトロ漁業協同組合が運営する店がある。

Data
所 斜里町ウトロ西186-8 ☎0152-22-5000 営9時〜17時（季節によって変動あり）、年末年始休み、12月は木曜定休

ウトロ漁協婦人部食堂
うとろぎょきょうふじんぶしょくどう[斜里町]

元は港で働く人のための食堂。今や道内最強の漁協婦人部食堂だ。夏場を中心に行列は必須。ウニ丼やイクラ丼のほかホッケ定食なども人気だ。ウニ漁期は4月下旬〜8月上旬。

Data
所 斜里町ウトロ東117 ☎0152-24-3191 営4月下旬〜10月下旬まで、8時30分〜14時30分（L.O.）、不定休

さくらの滝　さくらのたき[清里町]

サクラマスが滝越えを繰り返す感動の滝を見つめて

例年、6月から8月にかけてサクラマスがぴょん、ぴょんと滝越えのジャンプが見られる滝。場所は温泉を併設する人気の道の駅「パパスランドさっつる」から清里峠方面へ約8キロ入ったところ。随所に案内看板があるのでたどり着けるだろう。大きな砂利の駐車場には簡易トイレが置か

滝へのそ上を試みるサクラマス

滝への入り口部分。ここでは釣りは禁止だ

見学や応援はルールを守って

れ、滝への入り口がある。数メートル下ると斜里川が流れていて、ちょうど滝の横に見学スペースのような場所がある。滝は高さ2.5メートルほど。取材時には、じーっとよく見ていないとジャンプする魚の姿は見えない。しかし、コツをつかめばタイミング良く水しぶきの中をはねる体長40センチほどのサクラマスの姿を確認することができるようになる。何度

も滝越えに挑む姿はけなげで感動的だ。しかしその多くは滝の途中で無残にも流れ落とされている。はたしてどのくらいの数がこの滝を越えていくのだろうか。ずーっと見ていたい、そんな感動を与えてくれる滝だ。なお、三脚を使っての長時間撮影は周囲に配慮をお願いしたい。

> **Data**
> 所清里町　☎0152-25-4111
> （きよさと観光協会）

神の子池　かみのこいけ[清里町]

摩周湖の伏流水がつくるコバルトブルーに輝く神秘の池

「さくらの滝」とあわせて訪問したい、知る人ぞ知るスポット。直線距離で約4キロ離れた摩周湖と周りの山々にしみ込んだ地下水が湧き出している池。コバルトブルーの美しい水をたたえ、その中に倒木が朽ちずに横たわる神秘的な風景をつくり出し

神の子池の入り口

広い砂利の駐車場

ている。摩周湖はアイヌ語で「カムイトー」と呼ばれ、神の湖という意味。この湖の伏流水が池になったという言い伝えから「神の子」といわれる。

摩周湖は不思議な湖で、湖に流れ込む川がなければ、流れ出す川もない。それでいて、水位が変わらないのは、雪解け

池の周囲には木道がある

水が入りこの神の子池などに伏流水を湧出させているからだという。

神の子池は周囲220メートル。水深5メートルほど。水温は年間を通して8度と低い。周囲には木柵道が整備されていて、ぐるりと角度を変えて見学できるようになっている。

Data
所清里町 ☎0152-25-4111
（きよさと観光協会）

227

博物館網走監獄
はくぶつかんあばしりかんごく[網走市]

8棟の重要文化財と6棟の登録有形文化財がある

正門。人気の撮影スポット

受刑者が食べているメニューを再現

網走観光の中心的スポット。明治時代から実際に網走刑務所として使用された建物を保存公開する野外歴史博物館。もっとも古い建物は、網走に刑務所ができて6年後、今から100年以上も前の建物が残る。見どころは満載。重要文化財である「舎房及び中央見張所」は見張所を中心に5つの放射状に舎房が延びている。1カ所で効率良く監視ができる工夫と、房どうしが見通せないように配慮してあるなど随所に工夫が施されている。受刑者の人形がリアルでそこにいるかのような雰囲気が伝わってくる「浴場」は興味深い。敷地内には「監獄食堂」があり、サンマとホッケが選べる「監獄食」（900円）が味わえる。ミュージアムショップもあるのでグッズが買える。伴設の喫茶コーナーもあり、休憩場所としての利用も可能。

放射状に広がる5棟の舎房を上空から

Data
所網走市字呼人1-1 ☎0152-45-2411 ㊡12月31日、1月1日は休館、9時〜17時※季節により変動する場合あり、入場料大人1,500円ほか

オホーツク流氷館／天都山展望台 おほーつくりゅうひょうかん／てんとざんてんぼうだい[網走市]

駐車場には北緯44度のラインがある

時に楽しめる。人気は「流氷体感室」。マイナス15度の室内では、本物の流氷に触れたり、ぬれたタオルを振り回して凍らせる「しばれ体験」ができたりする。3階の展望テラスに上がると、360度の大パノラマが楽しめる。

▌マイナス15度の流氷体感室でタオル凍れに挑む

流氷をテーマにした施設。オホーツクブルーの幻想的な階段を下りた地下1階部分がメインの展示室。

2023年にリニューアルした「流氷海中ライブ」では流氷の下の海の中に潜っているかのようなヴァーチャルな体験ができる。壁面にはクリオネのほか、実際に海にいる珍しい魚類の水槽があり、ヴァーチャルとリアルを同

Data

所網走市天都山244番地の3 ☎0152-43-5951 営8時30分～18時（5月～10月）、9時～16時30分（11月～4月）、10時～15時（12月29日～1月5日）、年中無休

北海道立北方民族博物館 ほっかいどうりつほっぽうみんぞくはくぶつかん[網走市]

本などの資料コーナーも充実

建物は水鳥が羽を広げた形状だ

▌モヨロ貝塚や世界の北方民族の貴重な展示がある

北海道のオホーツク文化と、東はグリーンランドのエスキモーから西はスカンディナビアのサミまで、世界の北方民族の文化を紹介している。目を引く展示は「海

の狩人・オホーツク文化の人びと」のコーナー。6世紀～11世紀にかけて北海道を含むオホーツク海沿岸では、海獣狩猟や漁労を生業としたオホーツク文化が栄えていた。その代表的な遺跡である網走市のモヨロ貝塚の出土資料を見ることができる。

Data

所網走市字潮見309-1 ☎0152-45-3888 営9時30分～16時30分（7、8、9月は9時～17時まで）、月曜日（祝日の場合は翌平日）と年末年始休み。7、8、9月と2月は無休

能取岬　のとろみさき［網走市］

近くの能取湖では秋、サンゴ草の群生地が見られる

■ スカッと爽快、オホーツク海につき出す絶景に出会う岬

網走の市街地と能取湖を結ぶ道道76号は美岬ラインと呼ばれ美しい風景のドライブが楽しめる。その中間地点、オホーツク海に突き出した部分に岬がある。数多くのロケ地として知られ、牧草地を抜けた突端には灯台があるだけ。北にはオホーツク海、東には遠く知床連山をのぞむことができる。

Data
所網走市美岬　☎0152-44-5849（網走市観光協会）

網走市立郷土博物館
あばしりしりつきょうどはくぶつかん［網走市］

前身は北見郷土館。モヨロ貝塚を発見した米村喜男衛が資料の散逸を防ぐために、住友財閥の支援を受けて設立した。網走・オホーツクの自然と歴史・文化がわかる施設。建物は北海道を代表する建築家・田上義也の設計。ステンドグラスなど随所に工夫が見られ、氏の変遷がたどれる希少な建造物として、国の登録有形文化財に登録されている。

Data
所網走市桂町1丁目1番3号　☎0152-43-3090
営9時〜17時（火曜〜日曜）、冬期間（11月〜4月）は16時まで、月曜定休、国民の祝日、年末年始（12月29日〜1月3日）

北浜駅
きたはまえき［網走市］

「オホーツク海に一番近い駅」。ホームから海岸までの距離はわずか20メートルほど。線路と並行して走る国道244号沿いに簡素な木造駅舎が佇んでいる。無人駅の隣には駅舎レストランの草分け的存在といえる、軽食＆喫茶「停車場」が営業する。

Data
所網走市北浜

サロマ湖展望台／幌岩山 さろまこてんぼうだい／ほろいわやま［佐呂間町］

大海原にしか見えないサロマ湖

この階段を上った先に展望が開ける

▎北海道最大の湖を望む大パノラマ展望台

　道内では最大の面積を誇り、国内でも3番目の大きさを誇るサロマ湖。大きさゆえに周囲からは「海」にしか見えないほどである

る。この巨大な湖の全容を一望できる唯一の場所が、標高376メートルの幌岩山だ。道の駅「サロマ湖」から軽登山道を約1時間歩く。山頂には展望台が建ち、大パノラマは感涙ものだ。

Data
所佐呂間町字浪速 ☎01587-2-1200（佐呂間町経済課）営5月〜10月、11月中旬〜4月下旬は冬季通行止め

道の駅サロマ湖 みちのえきさろまこ［佐呂間町］

店内には佐呂間町の特産品がたくさん

外観はサイロと牛舎をイメージ

▎ホタテの炭火焼をその場で味わえる道の駅

　ホタテ養殖の発祥の地であるサロマ湖。この湖の近くにある道の駅では、名物のホタテを炭火焼

で味わうことができる。館内入り口横の専用コーナーで殻付きで焼かれ、いい匂いがあたりを漂っている。店内のフードメニューも充実。土産品も所狭しと並んでいて、佐呂間の魅力を伝えている。

Data
所佐呂間町字浪速121-3 ☎01587-5-2828 営9時〜18時（4月中旬〜10月中旬）、9時〜17時（10月中旬〜4月中旬）、年末年始休館

サロマ湖 さろまこ［北見市・佐呂間町・湧別町］

■ まるで海のような国内最大の汽水湖を見る

北海道で1番大きい湖。周囲は約90キロ、汽水湖では国内最大。長さ26キロにも及ぶ砂洲によってオホーツク海と仕切られる。砂州には2カ所、人工的に開削した湖口があり海とつながっている。

この大きな湖を楽しむには

キムアネップ岬はライダーも多い

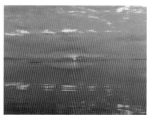
オホーツク海とサロマ湖が見える

いくつかのポイントがある。網走側から順に紹介しよう。まずは「ワッカ原生花園」へ行き「龍宮街道」と呼ばれる砂州地帯をレンタルサイクルかベロタクシーで走ろう。次は「キムアネップ岬」へ。小さなキャンプ場と遊歩道があり、ここから見る夕日は絶景だ。国道沿いの道の駅

「サロマ湖」では、特産のホタテの炭火焼きを味わい、幌岩山展望台に上ればサロマ湖を一望できる。湧別側へ移動すると、道の駅「愛ランド湧別」とその隣に遊園地がある。そして対岸に向かえば「龍宮台」という展望施設から、湖口とオホーツク海が一望だ。

道の駅サロマ湖、関連商品もたくさん

Data

所 佐呂間町字幌岩 ☎0158
7-2-1200（佐呂間町役場経済課商工観光係）

北勝水産直売店 ほくしょうすいさんちょくばいてん[佐呂間町]

ホタテ関連の加工品がいっぱい

工場直結の店舗外観

地元水産会社の直売所でホタテを買い味わう

国道238号に面して、大きく「直売」と赤い文字で書かれた看板が目立つ。北勝水産本社工場の直売所。店内は広く、ホタテの加工品を中心に海産物がいろいろと並ぶ。店の奥にフードコーナーがあり、名物「ホタテバーガー」や「サーモンバーガー」などが販売される。イートインカウンターもあるので外の風景を眺めながら休憩可能だ。

Data
所 佐呂間町浪速52番地 ☎01587-6-2002 営9時〜16時、水曜休み

紋別市大山山頂園 もんべつしおおやまさんちょうえん[紋別市]

市街地と紋別港越しにオホーツク海

山頂部分は広く駐車場も整備される

紋別を一望できるオホーツクタワーに上る

紋別の市街地にほど近い場所に標高334メートルの紋別山があり「大山」とも呼ばれている。山の山頂部分に高さ30.9メートルのオホーツクスカイタワーが建ち、ゆるく弧を描くオホーツク海や斜里岳、知床連山までを見ることができる。冬にはオホーツク海を埋め尽くす流氷も見下ろせる。タワー周辺にはカフェが入るレストハウスや宿泊可能なコテージもあってにぎやかな雰囲気である。

Data
所 紋別市大山町4丁目 ☎0158-24-3165(レストハウス) 営10時〜21時(4月〜11月)、〜18時(12月〜3月)、年末年始休み

道の駅おうむ みちのえきおうむ［雄武町］

飛行船をイメージした外観

韃靼そばとつゆ

■オホーツク海の大眺望と地元の味を楽しむ道の駅

雄武町の中心部にある道の駅。旧国鉄の終着駅があった場所に、高さ24メートル、7階建て

のビルに相当する展望台を持った道の駅がある。展望台に上れば、オホーツク海が一望できる。4月中旬から11月までは売店と飲食コーナーが開設され、地元産品がいろいろ売られている。

Data
所雄武町字雄武1885番地14 ☎0158-84-2403 営8時〜21時（5月〜10月）、8時〜20時（11月〜4月）、無休（元日は休み）

芝ざくら滝上公園 しばざくらたきのうえこうえん［滝上町］

公園入り口にあるゲート

反対側の斜面から見た全景

■斜面一面をピンク色に埋め尽くす春の公園を散策

5月上旬から6月上旬にかけて斜面一面をピンク色に埋め尽くすシバザクラ。現在では10万平

方メートルという大群生の丘も、元は1957年「みかん箱一杯」の苗から始まった。期間中は「芝ざくらまつり」が開催され多くの花見客が訪れる。この時期は甘い香りが街中を包み込む。

Data
所滝上町元町 ☎0158-29-2730（滝上町観光協会）営5月1日〜降雪期まで、24時間入場可（芝ざくら開花期は有料）

メルヘンの丘 めるへんのおか［大空町］

なめらかプリンが人気の品

週末はいつもにぎわっている

▌絵葉書のような畑の丘風景と道の駅を楽しむ

　美幌と網走間を結ぶ国道39号沿い。道の駅からすぐ近く、畑の丘稜線にカラマツが一列に並んだ人気の風景が見られる。年によって畑に植えられる作物が異なり、違った表情を見せる。国道には車を停められる駐車帯もある。道の駅「メルヘンの丘めまんべつ」は、その名の通りメルヘンチックなお城のような佇まい。売店には豆のまちをアピールする「ビーンズコーナー」があり、地元の特産品が並んでいる。

Data
所大空町女満別昭和96番地の1 ☎0152-75-6160 営9時～18時、年末年始休み

オーヴェールの丘 おーづぇーるのおか［大空町］

ジェットコースターのような道が続く

▌映画のロケ地にもなったおおらかな大地を感じる場所

　大きな空の下、どこまでもなだらかに続く丘風景。あたりは小麦などが植えられた畑。その中を直線道路がゆるやかにアップダウンを繰り返す。エンジンを切れば、風の音しか聞こえない。北海道の大きさを感じることができる大地。黒澤明監督の映画作品のロケ地にもなった場所。

Data
所大空町女満別朝日284

235

ひがしもこと芝桜公園 ひがしもことしばざくらこうえん［大空町］

丘一面をピンク色に染める圧巻の世界を見る

ピンク、ピンク、ピンク。もういたるところ丘一面がピンク一色に染まる圧巻の世界が楽しめる。大空町東藻琴の市街地から屈斜路湖方面へ約8キロ。5月上旬から下旬の間、10万㎡の広さに植えられたシバザクラが訪

丘の上にある山津見神社もピンク色

撮影スポットはあちこちにある

問者を圧倒する。

丘の斜面には階段や散策路がつけられている。元気な人は287段の階段を上って頂上部分にある「山津見神社」を目指そう。撮影スポットも用意されている。上から見下ろす園内は壮観だ。小型トラックを利用した有料の遊覧車も運行している。家族連れにはゴー

圧巻の光景

よく見ると白や赤の芝桜もある

カートや釣り堀りもあってうれしい。定番メニューの「芝桜ソフトクリーム」も人気だ。

Data
所 大空町東藻琴末広393 ☎
0152-66-3111

236

小清水原生花園 こしみずげんせいかえん[小清水町]

JRの原生花園駅を歩いて越えた先

有料のレンタサイクルもある

■ オホーツクの短い夏を彩る天然のお花畑を歩く

オホーツク海と濤沸湖に挟まれた8キロにもわたる細長い砂丘の上に形成された天然のお花畑。6月中旬から7月下旬ごろま

で、オレンジ色のエゾスカシユリや黄色いエゾキスゲなど約200種類ほどの植物を見ることができる。インフォメーションセンターもあるので写真や展示物を合わせて見ていこう。

Data
所 小清水町字浜小清水2番地
☎0152-63-4187（小清水原生花園インフォメーションセンターHANA）営 センターの営業は5月〜9月、8時30分〜17時30分（4月、10月は9時〜17時）

美幌峠 びほろとうげ[美幌町]

広い駐車場も夏場はごったがえす

展望地へはゆるやかな階段を上がる

■ 屈斜路湖を一望でき道の駅もある人気スポット

雄大なカルデラ湖・屈斜路湖を展望できる道東を代表する人気スポット。標高525メートルの展望地からは紺碧の水を湛える屈斜路湖を眼下に、周囲を一望する

ことができる。
年間50万人以上の観光客でにぎわう峠には、道の駅「ぐるっとパノラマ美幌峠」が建つ。1階は美幌町の商品を販売するセレクトショップや、美幌町の食材を使った飲食店が入る。2階は無料休憩所となっている。

Data
☎0152-77-6548（美幌町商工観光課）

物産館ぽっぽ屋 ぶっさんかんぽっぽや[美幌町]

JR美幌駅の正面外観

野菜や加工品も多数

■ 美幌駅内に併設される 観光案内所もある直売所

　JR美幌駅内に併設された物産直売所。美幌町でつくられた農産物のほか、手づくりメープルシロップ、おかず味噌などの加工品やクラフト工芸品などが販売される。町民の利用も多く、自転車で来店する人も。建物内には美幌の観光案内所もあり、レンタサイクルも借りられる。

Data
所美幌町字新町3丁目
☎0152-73-2211

道の駅あいおい みちのえきあいおい[津別町]

4種類の味があるクマヤキ

館内は売店と飲食コーナーがある

■ 人気のクマヤキと昔から 愛される豆腐を味わう

　津別の市街地と阿寒湖、オンネトーを結ぶ国道の中間地点にある道の駅。この地はかつて、旧国鉄相生線の終着駅「北見相生駅」があった場所。列車が残され記念公園が整備されている。道の駅では「クマヤキ」が人気を博すが、実は昔からある豆腐店の技を受け継いだ逸品だ。

Data
所津別町字相生83番地1 ☎0152-75-9101 営9時～18時(5月～10月)、9時～17時(11月～4月)、火曜日と年末年始休み

道央

道南

道北

オホーツク

釧路・根室

十勝

238

かみゆうべつチューリップ公園 かみゆうべつちゅーりっぷこうえん [湧別町]

写真撮影スポットも用意される

飲食コーナーや地元の物産などが販売

200品種70万本のカラフルなチューリップが咲く公園

国道242号に面して、およそ200品種70万本のチューリップが咲き誇る公園。毎年、5月1日から5月31日まで「チューリッ プフェア」が開催され、多くの人がカラフルなチューリップに心をいやされる。公園中央にある「オランダ風車」は展望台になっている。花の見頃は例年5月中旬から下旬ごろ。売店や食事処もあり、地元のものなどが販売される。

Data
所 湧別町上湧別屯田市街地358番地の1 ☎01586-8-7356（かみゆうべつチューリップ公園総合案内所）営8時〜18時（最終入園は17時30分）入園料、高校生以上600円、小中学生300円

訓子府たれカツ丼／お食事処「フクヨシ」 くんねっぷたれかつどん／おしょくじどころふくよし [訓子府町]

地元に根付いたシンプルなカツ丼。しょうゆベースの深い味わいと絶妙な甘さのカツ丼。卵でとじないカツ丼の発祥の店。1948年に創業。店主は5代目となる老舗である。

Data
所訓子府町元町37 ☎0157-47-2057 営11時〜14時、17時〜20時（L.O.30分前）、日曜定休

ピアソン記念館 ぴあそんきねんかん [北見市]

アメリカ人宣教師G.P.ピアソン夫妻の私邸として1914年（大正3年）に建てられた。設計者は近江兄弟社創設者としても知られるW.M.ヴォーリズ。国内最北のヴォーリズ建築作品として貴重な存在だ。1階展示室には夫妻の思い出の遺品が。2階には姉妹都市の資料がある。北海道遺産。

Data
所北見市幸町7丁目4番28号 ☎0157-23-2546 営9時30分〜16時30分、月曜および国民の祝日の翌日（祝日が金・土の場合は翌日も開館）、年末年始休館、入館無料

ワッカ原生花園 わっかげんせいかえん [北見市]

サロマ湖とオホーツク海の間をサイクリングできる

周囲約90キロ。北海道最大の湖、サロマ湖はオホーツク海に面する汽水湖だ。車で到達できる最終地点には「サロマ湖ワッカネイチャーセンター」という大きな建物があり、海のように大きな湖を体感することができる。館内には飲食コーナー、物

その日開花中の花の名前が掲示

遊歩道コースは2つある

販コーナー、フリースペースなどがある。ここからレンタル自転車を借りて、サロマ湖が海に向かって切れている部分へ。「龍宮街道」と呼ばれる道をサイクリングしよう。アスファルトの道が5キロほど延びている。

ネイチャーセンターの周辺だけでも、という人には40分と60分の遊歩道コースもある。夏は

ハマナスなど300種類ほどの草花が見られる。オホーツクの風に吹かれながらのトレッキングは楽しい。

Data

所 北見市常呂町字栄浦 ☎ 0152-54-3434（ワッカネイチャーセンター）営【ネイチャーセンター】8時〜17時（4月29日から10月第2週の月曜日まで開館、6月〜8月は18時まで）

ネイチャーセンター外観

ところ道の市（永田水産）

ところみちのいち（ながたすいさん）[北見市]

ホタテやカキなど近郊で獲れた貝類

国道沿いに面して目立つ外観

管内最大級の鮮魚市場、炭焼小屋もある

畑の中にあるオホーツク管内最大級の海鮮市場だ。地元のサロマ湖観光船株式会社、永田水産が経営する。店内には大きな水槽が並び、ホタテ、カキ、アサリ、ホッキなど貝類のほか、旬の鮮魚が並ぶ。干物、珍味、冷凍加工品など種類が豊富で楽しい。「わけありコーナー」ではサイズがばらばらなどの品が箱で販売されている。隣接する「炭焼小屋」では、店舗で購入した魚介類をその場で焼いて味わうことも可能だ。

Data
所 北見市常呂町１０−３ ☎
0152-54-1717 営9時～17
時（1月は休業）

サロマ湖展望台

恋問海岸

羅臼町市街地

幣舞橋／釧路フィッシャーマンズワーフMOO

ぬさまいばし／くしろふぃっしゃーまんずわーふむー[釧路市]

▌夕日の名所・幣舞橋と大型複合商業施設でグルメを堪能

幣舞橋は釧路のシンボルとして知られる。橋脚上には4つの彫刻作品「四季の像」が設置され、夕景にはそのシルエットがアクセントになっている。

幣舞橋のすぐ横に大きな複合商業・観光施設が建つ。1階には鮮魚店などが集まる「釧路MOO市場」なる通りがあり魚介類が買えるほか、飲食店も入っている。館内には軽食カフェやレストラン、おみやげ店などが並ぶ。2階には釧路グルメが味わえる「釧路港の屋台」が。3階にはジンギスカンが食べられるビアホールが営業する。夕刻からは「岸壁炉ばた」(5月下旬から10月末までの期間営業)を利用したい。釧路川に面してテントが立てられた半アウトドア空間で、炭焼きが楽しめるのだ。利用はチケット制になっている。

釧路の漁港で揚がる鮮魚がたくさん

こういうロケーションの岸壁炉ばた

Data

所 釧路市錦町2-4 ☎0154-23-0600 営 営業時間は各施設により異なる、元日は全館休業

市場の通りには両側に店が並ぶ

釧路市湿原展望台 くしろししつげんてんぼうだい［釧路市］

道央
道南
道北
オホーツク
釧路・根室
十勝

国内最大の湿原を学び眺め探索できる代表的な施設

釧路湿原の西側にあり、湿原を眺められる代表的な展望台。釧路湿原は国内最大の湿原で、700種類以上の植物と約1,400種類の生き物が生息する。1980年、日本初のラムサール条約登録湿地に指定され、7年後には国立公園に指定された。もともとは海だったところ。約3,000年前にいくつかの海

2階の展示室はパネル展示

駐車場から見た外観

跡湖を残し、現在の姿になった。
　湿原展望台は1階の無料ゾーンと2階〜屋上までの有料ゾーンがある。有料ゾーンの2階は展示室。円形でぐるりと1周できるようになっていて、釧路湿原の成り立ちやタンチョウ、イトウといった貴重な生き物の生態を紹介している。3階と屋上は展望室。双眼鏡などを使って、雄大な湿原を見ることができる。1階には売店とレストランがある。屋外

レストランは無料ゾーンにある

には湿原探索路が整備されている。1周約2.5キロ。一番奥に位置する「サテライト展望台」は海抜80メートルの高さから180度の視界で湿原を展望できるスポットだ。ぜひ歩いてみよう。

Data
所釧路市北斗6-11 ☎0154-56-2424 営8時30分〜18時（4月〜9月）、9時〜17時（10月〜3月）、年末年始休み
※最終受付は30分前

スパカツ／レストラン泉屋総本店 すぱかつ／れすとらんいずみやそうほんてん[釧路市]

メニューは洋食をメインに多彩

幣舞橋近くに建つビルの2階がレストラン

釧路市民に長く愛される大ボリューム食

釧路のソウルフード「スパカツ」発祥の店。創業は1959年。札幌のホテルで修業した創業者オーナーが「釧路の寒い気候の中、誰でも親しみやすい味」を追求した。アツアツの鉄板にミートソースとトンカツがコラボしボリューム満点。店は釧路の洋食店の草分け的存在だ。

Data

所釧路市末広町2丁目28 ☎0154-24-4611 営11時〜21時、月1回火曜不定休

竹老園東家総本店
ちくろうえんあずまやそうほんてん[釧路市]

1874年（明治7年）に創業。以来150余年に渡ってそば一筋に情熱を注いできた、老舗中の老舗。卵をつなぎにした「蘭切りそば」（950円）が有名で、

かつて昭和天皇が行幸の際、おかわりをされたという逸話が残るほど。

Data

所釧路市柏木町3番19号 ☎0154-41-6291
営【お座敷】11時〜14時30分【ホール】11時〜16時、火曜休み、オーダーストップ30分前

細岡展望台
ほそおかてんぼうだい[釧路町]

釧路湿原の東側から湿原を眺めることができる展望台。湿原の中をゆったりと流れる釧路川の大きく蛇行する景色は、まさに釧路湿原を代表する風景だ。遠くには雌阿寒岳や雄阿寒岳、摩周岳なども見える。隣接する細岡ビジターズ・ラウンジには写真展示があるほか、カフェメニューも楽しめる。

Data

所釧路町達古武22-9

釧路和商市場 くしろわしょういちば[釧路市]

▎名物の「勝手丼」を自分で つくって味える楽しい市場

釧路の駅前にある市場。道東・釧路の魚介類が堪能できる。和商市場は札幌の二条市場や函館の朝市と共に北海道三大市場のひとつに数えられる市場。設立は1954年。「わっしょい、わっしょい」という活気あふれる掛け声と「和して商う」をモットーに名付けられた。鮮魚店を中心に

名物の「勝手丼」は大人気

約40軒が店を構える。
　ここでは「勝手丼」が有名だ。市場内の総菜店でごはんを注文。ごはんの量は大中小から選

駐車場は地下と正面前の2カ所あり

べる。その後、鮮魚店へ移動して、値札がついた切り身をお好みでオーダーする。空いているテーブル席で「自分だけの海鮮丼」が食べられるのだ。絶対味わっていこう。

中央パティオ部分に席がある

新鮮な食品が並ぶ市場内

Data
所釧路市黒金町13丁目25 ☎0154-22-3226 営8時～17時、日曜休み

釧之助本店　せんのすけほんてん[釧路町]

釧路の魚を食べる・見る・買うことができる施設

　水族館や食堂、寿司カウンターなどがある大きな商業施設。1階、エントランスには吹き抜けの巨大円柱水槽があり、悠々と泳ぐ魚たちがお出迎え。左手に広い販売コーナー、右手に海鮮バーベキュー店などがある。2階には

釧路初となる「くしろ水族館ぷくぷく」が開設。身近な魚から珍しい魚まで28の水槽が楽しめる。

海鮮丼などがある食堂

入り口すぐにある巨大水槽

Data
所釧路町光和4-11 ☎0154-64-5000 営9時〜21時※各店舗により営業時間が異なる

道の駅厚岸グルメパーク　みちのえきあっけしぐるめぱーく[厚岸町]

ランキング1位を獲得するグルメな道の駅で舌つづみ

　グルメな道の駅として人気。秘密は2階にある3つのレストランにある。炭焼きができる「炙屋」では新鮮な食材70品以上から好きなものを「魚介市場」から買って自分で焼く。「オイスターバー

ルビトレスク」はパスタなどと厚岸ウイスキーが味わえる店。レストラン「エスカル」は御膳や丼物のメニューが並ぶ。手軽にテイクアウトしたいという時には1階の「オイスターカフェ」が便利だ。一口サイズのラインナップが用意されている。

売店にはオリジナルの商品がたくさん

高台に建つ道の駅外観、見晴らしがいい

Data
所厚岸町住の江2丁目2番地 ☎0153-52-4139 営9時〜20時※各店舗ごと季節により営業時間は異なる

厚岸漁業協同組合直売店エーウロコ

あっけしぎょぎょうきょうどうくみあいちょくばいてんえーうろこ［厚岸町］

道央

道南

道北

オホーツク

釧路・根室

十勝

■ カキやアサリなど厚岸の 魚貝が大量に並ぶ直売店

　厚岸町の中心部、厚岸大橋の近くにある厚岸漁業協同組合の直売店。大きな倉庫とつながった円形の店内には魚貝類がたくさん売られている。厚岸の顔ともいえる大粒で身が締まった食べ応えのあるカキをはじめとして、サンマ、サケ、シシャモ、毛ガニ、アサリなど、厚岸の海の幸や加工品が買える。特にカキの販

カキがぎっしり入る水槽が並ぶ

売コーナーは圧巻だ。2段に分けられた水槽がずらりと並び、その中にブランドの「カキえもん」や「マルえもん」といったカキがぎっしりと入っている。厚岸の特産品コーナーのほか、昆布コーナーなども充実している。もち

地元の特産品コーナー

ろん、店内から自宅などへの発送も可能だ。思う存分、厚岸の味覚を購入していきたい。

店舗外観、右の倉庫とつながっている

こちらは殻を取り除いたもの

Data

所 厚岸町港町5丁目3番地 ☎
0153-52-0117 営 10時〜
16時、火曜と年始休み

霧多布岬 きりたっぷみさき[浜中町]

断崖絶壁から茫漠たる太平洋を眺めるビュースポット

　正式名称は湯沸岬。地元では「トッカリ」と呼ばれるアザラシを見かけることからトッカリ岬とも呼ばれている。標高40〜60メートルのテーブル形状の霧多布半島の東側に位置し、太平洋側に突き出ている。先端部手前に駐車場と展望台が設置され、

歩いていくと、スケールの大きい風景が見られる

展望台へ続く道、ここから岬までも歩ける

茫漠たる太平洋を断崖絶壁の上から眺めることができる。展望台からは、3キロ先にアザラシのいる帆掛岩、浜中湾越しに奔幌戸、貰人の絶壁、海岸線などを望むことができる。
　近年では野生のラッコが見ることができ、数組の親子を含む十数頭の雌雄

霧多布岬の先端部分

も確認されている。
　岬の先端部は少し進んでキャンプ場を超えたところ。歩道を進むと灯台があり、その先まで歩いて行ける。夏場は、その名のとおり霧が多く、一面真っ白に覆われることも少なくない。秋からは晴天に恵まれる日が多くなる。

Data
所 浜中町湯沸　☎0153-62-2239（浜中町商工観光課）

249

北太平洋シーサイドライン

きたたいへいようしーさいどらいん[浜中町ほか]

高台の海辺、ダイナミックな絶景海岸ロードを走る

十勝の広尾町から根室市の納沙布岬までを結ぶ、全長321キロに及ぶ海岸線などを走る道路の総称。その中でもハイライト的に人気の部分は、厚岸町から浜中町の道道123号と、浜中町から根室市への道道142号だ。国道44号が並行するように

ゆるやかなアップダウンの道が続く

通っていることから、この道の通行量はぐんと少ない。ゆるやかなアップダウンとカーブが繰り返していく道は、爽快そのもの。なにもないスーパーウルトラダイナミックロードのドライブが楽しめる。景色はときおり太平洋を望む断崖絶壁や、時に湿原風景、原野などと変化して、その中を通り抜けていく。

厚岸〜根室間を移動

危ない!エゾシカが前方に出現した

するには、国道44号の方が距離も短く、路面状態もいい。でも、時間に余裕があれば、ぜひこちらのルートも走ってみてほしい。思わず声が出るほどの絶景ロードになっている。ただし、スピードの出し過ぎには要注意。エゾシカが急に道路に出てくる。

Data

所 広尾町〜納沙布岬(根室市)

太平洋の波の音が響く場所

250

霧多布湿原センター／やちぼうずカフェ　きりたっぷしつげんせんたー／やちぼうずかふぇ [浜中町]

霧多布湿原センターの2階にある展望ホール

地元の有志が守りつづける湿原にそっとふれる

　6月はワタスゲの白い綿毛が一面を彩り、7月上旬にはエゾカンゾウが霧多布湿原を黄色に染める。豊かな自然を知り、ふれることができる施設が2カ所、湿原の南北にある。北側にあるのは「霧多布湿原センター」。高台に建つ2階建ての建物で、展望ホールや飲食スペースがある。湿原南側にあるのは「やちぼうずカフェ」。木造の平屋からは琵琶瀬木道などが整備され湿原の中を歩けるようになっている。

Data
所浜中町四番沢20（霧多布湿原センター）☎0153-65-2779（霧多布湿原センター）営9時〜17時（11月〜3月は9時30分〜16時）、5月〜9月の間は無休、10月〜4月は火曜休館※冬季休館あり（12月30日〜1月31日）

琵琶瀬展望台　びわせてんぼうだい [浜中町]

国道沿いに立つ展望施設

売店ではカキ類や軽食メニューがある

湿原風景と太平洋との両方を一望できる展望施設

　道道123号の高台部分にあるビュースポット。展望台が設置される。太平洋に向かって雄大な眺めと、反対側には霧多布湿原とその湿原を流れる琵琶瀬川が大きく蛇行する風景の両方を見ることができる。パーキングエリアの物産店では浜中産の昆布を販売、レストランでは地場産の食材を使用したラーメンなどが味わえる。

Data
所浜中町琵琶瀬 ☎0153-62-2239（浜中町商工観光課）

道の駅しらぬか恋問

みちのえきしらぬかこいとい[白糖町]

地元で獲れた加工品が並ぶ一角

国道と太平洋の間に道の駅がある

白糠の海産物と名物の豚丼が味わえる道の駅

白糠の市街地から釧路市中心部方面へ走る国道38号沿いにある道の駅。裏手には太平洋が広がり、恋問海岸がつづく。館内には白糠漁業協同組合コーナーがあり、地元の海産物が並んでいる。海側に面してレストランが入り、「この豚丼」が人気だ。阿寒ポークを炭火で焼いて、肉4枚は1,350円、6枚は1,450円。専用のたれも販売される。

Data

所 白糠町恋問3丁目3番地1 ☎ 01547-5-3317

営【全館】9時〜17時30分、水曜定休※水曜が祝日の時は翌日、年末年始（12/31〜1/2）【レストラン】10時30分〜15時、不定休

北太平洋シーサイドライン

納沙布岬
のさっぷみさき[根室市]

北方領土を目の前に、心を震わす本土最東端の地

根室市の中心部から東へ約22キロ。岬の碑がある場所は砂利が敷かれた部分。ライダーや車が集まっている。すぐそこに歯舞群島が見え、ここから一番近い貝殻島までは約3.7キロ。駐車スペースを挟んで食堂と土産店が2店並ぶ。

道路沿いには「根室市北方領土資料館」がある。各種、北方領土に関する展示があるほか、ここでは「日本本土四極最東端出発・訪問・到達証明書」がもらえる。

本土最東端であることから、北海道で一番早い日の出を見ることができる。1年でもっとも日の出が早いのは6月で、3時半ごろ。元日の初日の出の名所でもある。

道路を挟んだ売店では花咲ガニが販売

圧倒的な存在感がある、四島のかけ橋

売店や食堂が2軒並び周囲にも数軒ある

Data
所 根室市納沙布 ☎0153-24-3104(根室市観光協会)

鈴木食堂 すずきしょくどう[根室市]

海に面して店舗が立つ

店内には旅行者の名刺がズラリ

人気の生さんま丼を求めて朝から人が集まる

納沙布岬にある人気食堂。この店の名物「生さんま丼」を求めて朝の9時前から客が集まる。特にライダーにはよく知られた店だ。北海道最東端の店でもあり、道路を挟んで北方領土の海が目の前に広がる。さんま丼は花咲ガニの鉄砲汁とのセット(2,000円)もあってこちらもおすすめ。

Data
所 根室市納沙布岬36-10 ☎0153-28-3198 営9時～15時 休冬季休業

根室駅前 花咲ガニ専門店
ねむろえきまえ はなさきがにせんもんてん[根室市]

旅情あふれるJR根室駅前には数軒の花咲ガニの専門店が並ぶ。カニは大きさによって価格は異なる。茹でたてを店内で味わえる。発送にも対応している。

JR根室駅の外観、旅情いっぱい

根室海鮮市場
ねむろかいせんいちば[根室市]

1892年(明治25年)創業のカネカイチ鈴木商店が運営する魚介類専門店。根室駅前通り国道44号近くにある。店内には北海シマエビや花咲ガニなどが多数が販売される。干

店舗外観、駐車場は店前に

物や加工品などいろいろあって楽しい。

Data
所 根室市光和町1-1 ☎0153-27-1380 営9時～17時

道央 道南 道北 オホーツク 釧路・根室 十勝

254

エスカロップ／食事と喫茶どりあん

えすかろっぷ／しょくじときっさどりあん[根室市]

根室のソウルフードといえば「エスカロップ」。バターライスの上に薄いトンカツがのりデミグラスソースがかけられた一皿だ。市内の数店舗で提供されている。「どりあん」は本格派のエスカロップの老舗としてメディアに数多く紹介される店。

Data
所 根室市常盤町2丁目9番地 ☎0153-24-3403 営 10時〜20時(L.O19時30分)、火曜休み(祝、祭日の場合は営業)

明治公園

めいじこうえん[根室市]

根室市民のいこいの公園。1875年(明治8年)に道内で2番目につくられた開拓使根室畜場の跡地を利用した。レンガ造りの3つのサイロがシンボル。第1サイロは高さ15メートルあり、レンガ積みサイロとしては国内最大級。国登録有形文化財となる珍しいサイロだ。園内には日本一遅く咲くチシマザクラなどが植えられている。

Data
所 根室市牧の内81 ☎0153-24-3104 (根室市観光協会)

根室 金刀比羅神社

ねむろことひらじんじゃ[根室市]

敷地内の2つの展望台からは根室港が見渡せる。境内には「神輿殿・お祭り資料館」があり、「北海道三大祭り」に数えられる地元の祭りに使われる金色に輝く神輿が見学できる。

根室を感じる「切り絵御朱印」は見事だ。

Data
所 根室市琴平町1丁目4番地 ☎0153-23-4458 営 8時30分〜17時(社務所・神輿殿・お祭り資料館)

根室市観光インフォメーションセンター

ねむろしかんこういんふぉめーしょんせんたー[根室市]

根室駅前にある。観光インフォメーションセンターの隣にある売店「光風」で土産品が買える。海鮮加工品やスイーツ類などオリジナル品もたくさんある。

Data
所 根室市光和町2丁目10番地2 ☎0153-24-3104 営 8時〜17時(6月〜9月)、9時〜17時(10月〜5月)、年末年始休館、売店は9時〜16時、不定休

野付半島

のつけはんとう［別海町・標津町］

■ この世の果て感ただよう 自然の厳しさを見る半島

根室と知床の間、北方領土の国後島に向かって伸びる砂嘴地帯。全長約26キロの日本最大の砂の半島だ。地図で見ると細い陸地が「つ」の字のようになっている。そこに道路がつけられている。この地はどのようになっているのか。想像力が掻き立てられる場所だ。

国道244号から分岐して道道950号へ入る。白線が引かれるアスファルトの道。電柱と電線が平行して延びる。この道路もなにもないスーパー絶景ロードだ。数軒の民家を過ぎれば、漁業関係者の倉庫などがポツポツと立つのみになる。やがてそれらの建物がなくなると両側が海、正確に言えば野付水道（オ

ホーツク海）と野付湾を見ながら荒涼とした風景に変わっていく。

最初に目に飛び込んでくるのは「ナラワラ」だ。海水に侵食されたミズナラなどが立ち枯れた光景は、自然の厳しさを見る思いだ。そこにオオワシなど大型の野鳥が舞う。さらに5キロほど進むと、「野付半島ネイチャーセンター」の建物がある。ここで付

道道からナラワラを見る

幻想的な風景が広がる

有料のトラクターバスでも行ける

近の自然概要や最新情報などを得て、「トドワラ」を見に行こう。トラクターバスがあるほか、徒歩でも30分ほどで行ける。砂州を進むと、最終地点へは木道が整備されている。木道を300メートルほど進んだ先に、立ち枯れたトドワラ7〜8本がある。その光景はまさにこの世の果て感がすごい。トドワラは年々少なくなっているようで、いつまで見ら

れるかわからない。

　野付半島一帯は国指定特別鳥獣保護区。エゾシカにとって住みやすい環境なのだろう。いたるところに群れを見ることができる。車の運転には注意したい。ちなみに、この半島のつけ根部分は標津町。途中から先端部分は別海町の管轄になっている。これは町村の合併と協定の結果だという。

荒涼とした風景が魅力の一帯

Data
所別海町野付　☎0153-74-9254（別海町商工観光課　観光・交流担当）

道東3大展望台めぐり

多和平
たわだいら[標茶町]

地平線が見える大牧場の高台部分に360度の展望台

ゆるやかな坂道を上った先にある展望台。ここからは360度、文字通りぐるりと全方向のパノラマ北海道を見ることができる。もとは「標茶町育成牧場 多和団地」といい約2,000ヘクタールという想像もできないくらい広大な牧場だ。その牧場の小高い丘、標高195メートルほ

四方に案内板がついている

レストハウスの外観

どのところに展望施設とレストハウスがある。

ログハウス風の「グリーンヒル多和」では売店とレストランがあり、焼き立てのパンや標茶の特産品が販売されている。バーベキューハウスも併設されており、多和平サフォーク肉などをテラス席で味わうことができる。展望台周辺は「多和平キャンプ場」になっていてライダーを中心にテントを張る姿が見られる。

小型テントが並ぶキャンプサイト

展望施設を下から見た部分

Data
所 標茶町上多和 ☎015-485-2111(標茶町役場)

開陽台 かいようだい[中標津町]

地球が丸く見えるライダーの聖地、絶景展望台

標高270メートル、中標津の市街地から直線距離で約10キロ。アクセス道路となる通称「ミルクロード」と呼ばれる道道150号の一本道を走る。緑あざやかな牧草地と敷地を区切る直線の防風林が、どこまでも続く。いわゆる「ザ・ホッカイドウ」の風景が魅力だ。この道を過ぎてアップダウンの後、一方通行のアクセス道を上ると、広い駐車場に到着。ゆるやかな階段をあがると大きく立派な展望施設がある。

2階建ての展望施設は円形になっていて、ぐるりとパノラマ展望が広がる。視界が良ければ、根釧原野一帯から、洋上に浮かぶ国後島までの雄大な景色を堪能することができる。施設1階はカフェになっていて、ソフトクリームやジェラートが人気の店が入る。

1階はカフェが入る

Data

所中標津町俣落 ☎0153-77-9733(なかしべつ観光協会) 営【開陽台展望館】4月下旬～10月末、10時～17時(10月のみ～16時)※屋上は常時開放

900草原 きゅうまるまるそうげん[弟子屈町]

立派な展望施設が建っている

道東3大展望施設の一つ、牧場の大パノラマに感動する

弟子屈町郊外、丘を上った先にある見晴らしのいい展望地。広大な町営牧場の中にあり、1,000頭を超える牛たちの姿を見ることもできる。広い駐車場には3階建ての展望台があり、弟子屈町の田園風景をはじめ、遠くには摩周岳や硫黄山、藻琴山などが望める。ちなみに名前の900とはここの面積が900ヘクタールほどであることに由来する。

Data

所弟子屈町鐺別418番地66 ☎015-482-2936　弟子屈町役場農林課)

和琴半島（屈斜路湖）
わことはんとう（くっしゃろこ）[弟子屈町]

屈斜路湖を間近で眺める秘密の半島スポット

屈斜路湖の南側に突き出す細い部分。かつては火山の溶岩ドームだったところが長い年月をかけ、森をつくり、岸とつながり、やがて半島となった。この半島を1周、歩くことができる探勝路が整備されている。距離は2.5

歩きやすく森林浴が楽しめる遊歩道

キロほど。多少のアップダウンや階段を使った森歩きができる。

おすすめは時計回り。幹の周囲が15メートルもあるカツラの巨木があったり、エゾマツ、トドマツの針葉樹と広葉樹が混ざり合う森歩きが楽しい。長い階段を下りれば、展望デッキが現れる。ここはちょうど半島の先端部分。コバルトブルー

コバルトブルーの湖面にオヤコツ地獄

の湖面の正面に中島が見える。直下に目を移せば、白っぽい火山灰地から噴気が上がっている場所を確認できる。船やボートでしか近づくことができない「オヤコツ地獄」と呼ばれる温泉が吹き出す場所だ。

7月。散策路では「ミーンミンミン」というセミの鳴き声が聞こえる。国の天然記念物にも指定される珍しいセミ。かつて温暖期であったころの北海道ではあちこちに広く生息していたが、やがて地熱の高い和琴半島に隔離されて生き残ったと考えられている。貴重なセミだ。

Data
所 弟子屈町屈斜路　☎015-482-2200（摩周湖観光協会）

砂湯／屈斜路湖 すなゆ／くっしゃろこ[弟子屈町]

水辺の砂浜を掘って露天風呂が楽しめる場所

湖に面する砂浜を掘ったら、自分だけの「マイ露天風呂」が完成。こんなユニークな場所が屈斜路湖にある。湖畔には道道52号を挟んで大きな駐車場があり、昔ながらの雰囲気があるレストハウスが建つ。スワン

レストハウスの外観

店内には土産品もたくさん

ボートなどがあって湖に漕ぎ出すこともできる。湖畔の両側は「RECAMP砂湯」というキャンプ場。水辺にはあちこち穴が掘られ、キャンプをしながら自分でつくった露天風呂を楽しむ姿が見られる。本格的な人はスコップを持参し、大きな風呂を

つくっている。温泉熱で暖かいため、厳寒期でもここだけは凍ることはない。シベリアから渡ってきたオオハクチョウたちが群れをなして休憩する冬の風景は、砂湯の風物詩にもなっている。

湖畔には足湯も用意されている

Data

所 弟子屈町屈斜路湖畔砂湯 ☎ 015-482-2940（弟子屈町役場 観光商工課）

摩周湖 ましゅうこ[弟子屈町]

神秘的な孤高の湖を2つの展望台から眺める

「神秘の湖」「霧の摩周湖」「摩周ブルー」。湖面に通じる道もないことから不思議な威光を放つカルデラ湖。湖面は海抜351メートル。周囲約20キロ。この湖に流れ込む川はなく、流れ出す川もない。にもかかわらず年

第3展望台に向かう小道

レストハウスでは食事もできる

間を通じて水位の変動が少ない、不思議な湖。日本で最も透明度が高い湖でもあり、世界でもバイカル湖についで2番目だ。湖の中央部分に小さな島が見える。カムイシュ島と呼ばれる島は溶岩ドームの頂上部分が少しだけ見えている山だというから驚きだ。

この神秘的な湖を見る展望台が全部で3カ所あり、屈斜路湖側には第1展望台と第3展望台の2カ所。第1には広い駐車場とレストハウスもあり賑やかな雰囲気。およそ200メートル下の湖面をダイナミックに眺めることができる。

カムイシュ島が目の前に見える第3展望台

Data

所 弟子屈町 ☎015-482-2200(摩周湖観光協会)

裏摩周展望台 うらましゅうてんぼうだい[オホーツク管内清里町]

2021年夏に完成した木製デッキ

広い駐車場とトイレがある

▌展望デッキが新設された摩周湖を望む展望台

摩周湖は弟子屈町側や屈斜路湖側から道道52号でアクセスして第1・第3展望台から見るのが一般的だが、その反対側のオホーツク管内清里町にも展望台が整備されている。標高が585メートルと弟子屈町側の展望台より少々低いため、霧の発生が少なくより湖を近くに感じることができる。ゆったり落ち着いた雰囲気で見られるスポットだ。

Data
所清里町 ☎0152-25-4111
（きよさと観光協会）

硫黄山 いおうざん[弟子屈町]

立てて火山の力を五感で感じることができる。

駐車場横にはレストハウスがある。店内には各種土産の販売があるほか、硫黄山限定の「いちごソフト」（400円）が人気。レストハウスオリジナルの「豚丼」や温泉玉子とカレーを組み合わせた「噴火カレー」なるメニューもあっておもしろい。

駐車場から見るレストハウスの全景

▌迫力いっぱいの活火山の鼓動を間近で見学する

およそこの世の世界とは思えない火山がつくりだす異空間。有料の大きな駐車場に車を停めて、歩いて噴煙・蒸気が上がる噴気孔のすぐ近くまで行くことができる。あたりは一面砂れきの地面。ところどころから蒸気が立ち上り、一体は硫黄の匂いが立ち込めている。ゴウゴウという音を

Data
所弟子屈町 ☎015-482-2200（摩周湖観光協会）

阿寒湖 あかんこ[釧路市]

遊覧船に乗ってマリモを見てアイヌコタンを歩く

雄阿寒岳、雌阿寒岳といった山々に囲まれるカルデラ湖。周囲は約26キロ。最大水深は45メートルほど。温泉街から遊覧船が出ていて、北側にあるチュウルイ島に渡り天然のマリモを観察することができる。湖畔には、ボッケと呼ばれる熱い泥か

アイヌコタン入り口のサイン

エコミュージアムセンターが建つ

ら火山性ガスが噴出する珍しいスポットもある。通りには大型ホテルが建ち、温泉街が形成される。北海道で最大のアイヌコタン（アイヌ民族の集落）があり、木彫り製品などを販売するみやげもの店が並ぶ。湖は、冬は結氷し、天然の氷でスケートなども楽しめる。

通りには手湯がところどころにある

メインストリートにはみやげもの店が並ぶ

Data
所 釧路市阿寒町阿寒湖温泉 ☎
0154-67-3200（阿寒観光協会）

264

川湯ビジターセンター かわゆびじたーせんたー[弟子屈町]

森の中に佇むセンター外観

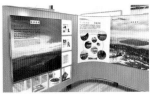
パネル展示が充実している

▎地域の自然を解説し、すてきなカフェでくつろぐ

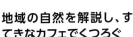

　川湯温泉街の一角にあり、阿寒摩周国立公園・摩周地域の自然や動植物の紹介をする。摩周湖、屈斜路湖、硫黄山はもちろん、この地域の登山道や散策路、展望ポイントや探勝ポイントの情報が得られる。2階にあるカフェコーナーは雰囲気抜群。森を見ながらくつろぎたい。レンタル品の貸し出しも行う。

Data
所弟子屈町川湯温泉2-2-6 ☎015-483-4100 営8時〜17時（4〜10月）、9時〜16時（11〜3月）、毎週水曜日休館、水曜祝日の場合翌日休館、7月第3週〜8月31日は無休、年末年始（12月29日〜1月3日）休館

阿寒湖アイヌシアターイコロ
あかんこあいぬしあたーいころ[釧路市]

　阿寒湖の温泉街近くにあるアイヌ文化の発信拠点。座席数300席。「ロストカムイ」「満月のリムセ」など、アイヌ古式舞踊が演舞される。

Data
所釧路市阿寒町阿寒湖温泉4丁目7-84 ☎0154-67-2727（阿寒湖アイヌコタン） 営公演演目・時間・入場料はHP（https://www.akanainu.jp/schedule/）で確認、大人 1,500円〜2,200円、小学生 700円【休館日】12月31日〜1月2日※公演日程は状況により変更あり

羅臼国後展望塔
らうすくなしりてんぼうとう[羅臼町]

　羅臼の市街地から約2キロ、標高167メートルの高台からは羅臼の街並みと羅臼港、天気が良ければ国後島まで一望できる。塔内には展示室や映像室があり、北方領土問題の歴史的経緯の解説などがある。入館は無料だ。

Data
所羅臼町礼文町32-1 ☎0153-87-4560 営9:00〜17:00（4月〜10月、季節により変動あり）、5月〜10月は無休、月曜休館（4月〜11月）、臨時休館あり

道の駅知床・らうす みちのえきしれとこ・らうす[羅臼町]

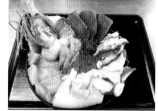

「前浜海鮮丼」はボリュームあり

国道に面して建つ道の駅外観

▌海の恵みを市場で買い、食堂で味わえる道の駅

　羅臼のまちの中心部、漁港近くの国道沿いに建つ道の駅。館内は観光案内所と羅臼漁業協同組合の直営店「海鮮工房」、レストラン・海産物直営店の「らうす深層館」の3つがつながっている。知床連山の森林から流れる川と、オホーツク海からやってくる流氷がもたらす豊かな海では、一年を通じて50種類以上の魚が漁獲され、海の幸を思う存分味わえる。

Data
所羅臼町本町361-1 ☎0153-87-3330 営9時〜17時(4月〜10月)、10時〜16時(11月〜3月)、年末年始(12/28〜1/5)休み

まちの駅標津サーモンプラザ まちのえきしべつさーもんぷらざ[標津町]

広いレストラン部分、個室も完備

売店では加工品がたくさんある

▌サケにこだわる町でサケを味わえる複合施設

　サケのまちとして知られる標津町の「サーモン科学館」に隣接する複合施設。レストラン・お土産店・観光案内を兼ねる。池に面して大きな窓があるカフェ&レストランでは、「標津産サーモンステーキレモンバターソース」(1,600円)など地元名産のサケを味わうことができる。物販コーナーでは地元の加工品などが置かれるほか、テイクアウトではソフトクリームも人気だ。

Data
所標津町北1条西6丁目1番2号 ☎0153-85-7125 営Lunch 11時〜14時、Cafe 14時〜17時、Dinner 17時〜(前日までに予約)、水曜定休

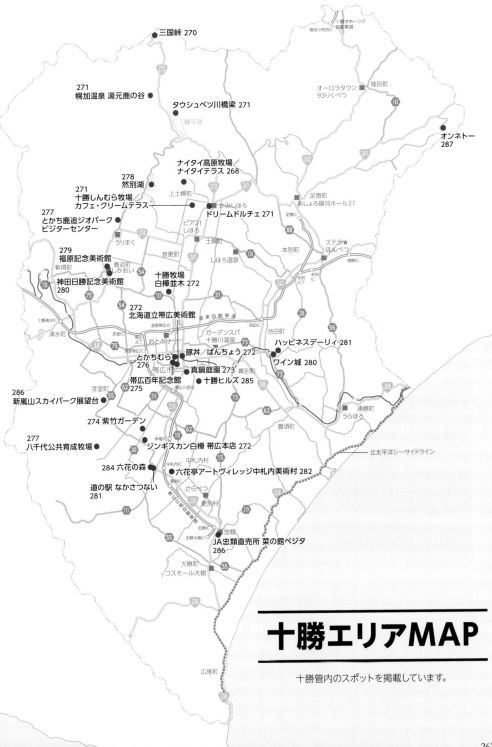

三国峠 270

271
幌加温泉 湯元鹿の谷

タウシュベツ川橋梁 271

オンネトー 287

オーロラタウン
93りくべつ

ナイタイ高原牧場／
ナイタイテラス 268

278
然別湖

271
十勝しんむら牧場
カフェ・クリームテラス

ドリームドルチェ 271

足寄町
あしょろ銀河ホール21

277
とかち鹿追ジオパーク
ビジターセンター

ステラ★
ほんべつ

279
福原記念美術館

十勝牧場
白樺並木 272

神田日勝記念美術館
280

272
北海道立帯広美術館

ハッピネスデーリィ 281

ワイン城 280

とかちむら
276

豚丼／ぱんちょう 272

真鍋庭園 273

帯広百年記念館
275

十勝ヒルズ 285

286
新嵐山スカイパーク展望台

274 紫竹ガーデン

277
八千代公共育成牧場

ジンギスカン白樺 帯広本店 272

北太平洋シーサイドライン

284 六花の森

六花亭アートヴィレッジ中札内美術村 282

道の駅 なかさつない
281

JA忠類直売所 菜の館ベジタ
286

コスモール大樹

十勝エリアMAP

十勝管内のスポットを掲載しています。

ナイタイ高原牧場／ナイタイテラス

ないたいこうげんぼくじょう／ないたいてらす[上士幌町]

道央
道南
道北
オホーツク
釧路・根室
十勝

十勝を代表する大パノラマ牧場ビュースポット

面積約1,700ヘクタールという東京ドーム358個分の公共牧場。実際に訪れてみると、その広大さがわかる。夜間は施錠されるゲートを通って、広い牧場の中を快適なワインディングロード7キロほどが続く。だんだんと高度をあげていき、牧場最高地点付近、標高800メートルほどのところに大きな駐車場と「ナイタイテラス」という建物がある。2019年にオープンしたこの施設は、全面ガラス張りの窓がある展望カフェだ。「ナイタイバーガー」（980円）やドリンク類、ソフトクリームが販売される。室内から牧場を眺められるようソファやカウンター席があり、はるか十勝平野の地平線や、遠くは阿寒の山並みが一望できる。あまりにもスケールが大きく広すぎる牧場内にあって、放牧される牛は小さな点にしか見えないほどだ。一面、青い空と緑のじゅうたん。スカッとさわやか。ザ・ホッカイドーを感じられるビュースポットだ。

遠くに牛が点のように見える風景

テラスを下側から見た外観

全面ガラス張りのカウンター席がある

人気のナイタイバーガー

スケールの大きさに息をのむ

絶景続きの牧場の中を走る道路

Data

所上士幌町字上音更128-5 ☎01564-7-7272（上士幌町観光協会）※営業期間中はテラス直通090-3398-5049も 営【牧場ゲート開放期間】7時～19時（6～9月）～18時（5、10月）※これ以外の期間は閉鎖【テラス営業期間】9時～17時（4月下旬～10月下旬）、期間中無休（天候により変更あり）

三国峠 みくにとうげ[上士幌町]

樹海の中に真っ赤な橋が アクセントの絶景スポット

十勝北部の糠平湖と層雲峡を むすぶ国道273号。ここには三 国峠と呼ばれ、標高1,139メー トルと道内で最も高い場所にあ る峠がある。目の前に石狩岳な どが迫り、反対側には一面樹海 に覆われる雄大なパノラマ風景 が見られる。峠より少し糠平側の

この橋の上から絶景が望める。通行車に注意して見学しよう

峠には展望台駐車場、「三国峠カフェ」もある

橋の上からは、赤い幾何学模様 が美しい「松見大橋」が見える。 樹海の中のアクセントとして人 気の風景。橋の奥には西クマネ シリ岳と南クマネシリ岳がそび え絶景を締める。

ところで、なぜここは三国峠 と名付けられたのか。それは峠 のすぐ近くに「三国山」(標高 1,541メートル)という山があ り、ここの山頂が日本海に注ぐ 石狩川、太平洋に注ぐ十勝川、オ

糠平湖側から上る途中にあるシラカバ林

ホーツク海に注ぐ常呂川の3つ の河川の源流になっているから だ。そのためここは「北海道大分 水地点」と呼ばれる。大分水点は 全国にいくつかあるが、3つの外 海へ流れ出る大分水点は国内で もここだけ。そんなロマンある 場所になっている。

Data
所上士幌町字三股 電01564-
7-7272(上士幌町観光協会)

タウシュベツ川橋梁
たうしゅべつがわきょうりょう[上士幌町]

糠平湖にある旧国鉄士幌線のコンクリート製アーチ橋。いくつか残る鉄道遺産の中で、長さ130メートルと最大のもの。湖の水量によって浮き沈みすることから幻の橋とも言われる。北海道遺産に認定されている。

Data
所 上士幌町字ぬかびら源泉郷 ☎01564-7-7272（上士幌町観光協会） 営 見学方法については要確認

十勝しんむら牧場／カフェ・クリームテラス
とかちしんむらぼくじょう／かふぇ・くりーむてらす[上士幌町]

1933年（昭和8年）に初代が富山県から入植。以来、4代目となる新村浩隆さんが引きつぐ牧場。敷地内に一軒家カフェがあり、牧場の放牧牛乳が飲めるほか、ワッフルやスープカレーなどが味わえる。

Data
所 上士幌町字上音更西1線261番地 ☎01564-2-3923 営【カフェ・クリームテラス】10時30分〜17時、定休日：火曜（4月〜10月）、火・水曜（11月〜12月）、全休（1月〜3月）

ドリームドルチェ
どりーむどるちぇ[上士幌町]

常時26種類のジェラートと、ソフトクリームや焼き菓子がある店。グループ会社のドリームヒル牧場で搾られた牛乳をつかう。芝生広場は広くて快適。

ドッグランも併設されている。

Data
所 上士幌町上士幌東2線239番地 ☎01564-9-2277

幌加温泉 湯元鹿の谷
ほろかおんせんゆもとかのや[上士幌町]

樹海の中にポツンと一軒家。自然湧出の4種類もの泉質があり、源泉掛け流し。露天風呂は混浴で、崖の上で爽快そのもの。日帰り入浴OKの、素泊まり自炊宿だ。

Data
所 上士幌町幌加 ☎01564-4-2163 営【日帰り入浴】9時〜18時、大人600円、小人300円【一泊素泊り】寝具付きで5,000円※不定休

十勝牧場白樺並木
とかちぼくじょうしらかばなみき[音更町]

映画やテレビドラマのロケ地としてたびたび登場する有名なスポット。家畜改良セン ター十勝牧場の入り口から直線で約1.3キロ続くシラカバの並木道。

Data
所 音更町駒場並木8番地1　☎0155-44-2131(家畜改良センター十勝牧場)　営 並木は見学自由(牧草地、施設は立ち入り禁止)

北海道立帯広美術館
ほっかいどうりつおびひろびじゅつかん[帯広市]

緑ヶ丘公園内にあり、1991年(平成3年)に開館。館内は、いわゆる企画展を実施する主展示室と、定期的に内容が変わるコレクション・ギャラリーとの2室がある。学芸員による「ギャラリー・ツアー」も好評。喫茶コーナーを併設し、コーヒーやクッキーなどが味わえる。

Data
所 帯広市緑ヶ丘2番地　☎0155-22-6963　営 9時30分〜17時(入場は16時30分まで)、月曜休館(会期中の月曜祝日は開館で翌平日が休館)、年末年始や臨時休館あり

ジンギスカン白樺　帯広本店
じんぎすかんしらかばおびひろほんてん[帯広市]

帯広市の郊外にあって、休日は行列ができる人気のお店。リーズナブルな価格に加え、食べやすい大きさと厚さにカットされたジューシーな羊肉に、リンゴとタマネギをあわせた醤油仕立てのタレがマッチする。

Data
所 帯広市清川町西2-126　☎0155-60-2058　営 11時〜14時L.O.(材料がなくなり次第終了)、月曜定休(祝日の場合は火曜)

豚丼／ぱんちょう
ぶたどん／ぱんちょう[帯広市]

帯広のグルメといえば豚丼だ。いろんな店で提供される中、元祖と呼ばれるのがぱんちょう。1933年(昭和8年)創業。極上の豚ロースを炭火でじっくり焼き上げ、秘伝のタレをかけた一皿は奥深い味。

Data
所 帯広市西1条南11丁目19　☎0155-23-4871　営 11時〜19時、定休日は月曜、第1・第3火曜

真鍋庭園 まなべていえん［帯広市］

日本、欧州、風景式といった様式庭園が楽しめる

コイが泳ぐ池がある日本庭園、まるで欧州にいるかのようなヨーロッパガーデン、水の渓谷が清々しい風景式庭園など、みどころ満載の庭園。運営は樹木の輸入・生産・販売をする農業者。庭園はいわば「植物のモデルルーム」になっている。1896年（明治29年）、この地に入植し

庭園入り口のゲートにわくわく

た先代を受け継ぎ、3代目が庭園の基礎をつくり、4代目が西洋風庭園エリアを拡張。現在、5代目世代が見本ガーデンの運営をする。場内は1周できるよう案内看板が親切に設置されている。ショップ「ガーデンセンター」とガーデンカフェ「とかち屋」も併設。

ショップには珍しい植物も販売

ヨーロッパガーデンエリア

様々な庭園が楽しめる

Data
所帯広市稲田町東2-6 ☎0155-48-2120 営8時30分～17時30分（入園締切17時）※10月・11月は時短あり、11月下旬～4月下旬は冬季休業、大人1,000円、子供（小・中学生）200円

紫竹ガーデン しちくがーでん［帯広市］

道央

道南

道北

オホーツク

釧路・根室

十勝

"紫竹おばあちゃん"の想いがこもったナチュラルガーデン

2021年5月に94歳で旅立った故紫竹昭葉さんが愛情たっぷりに育てた草花が咲き誇るナチュラルガーデン。約1万5,000坪の土地に2,500種類以上の花が咲き、年間10万人以上が訪れる。始まりはご主人を亡くされた63歳のころ。悲しみを乗り越え自分らしく明るく生きようと思い立った。帯広市郊外の牧草地を買い取って庭園づくりを

紫竹おばあちゃんの遺影が迎える

入り口。立地は十勝平野の真ん中

始め1992年にオープン。無農薬、無化学肥料にとどまらず水は雨水のみの自然栽培がモットー。そのため、人の手を入れすぎない素朴な風合いが魅力の庭だ。

入り口にはレストラン棟もあり、カレーや豚丼のほかお手製スムージー（660円）が味わえる。中でも人気は「お花畑で朝食を」という朝食セット（1,980円）。園内の野菜をふんだんに使ったビュッフェスタイルで味わえる。朝の2時間をゆっくりと味わいたい。

庭を眺められるレストラン店内

予約が必要な朝食セットの一部

Data
所 帯広市美栄町西4線107 ☎
0155-60-2377 営 4月22
日〜11月3日まで、8時〜17
時（閉園後もレストランは営業
※冬期レストランは要予約）

帯広百年記念館 おびひろひゃくねんきねんかん［帯広市］

帯広・十勝地区の自然・歴史・産業を知る

　十勝開拓の父と呼ばれる依田勉三（1853-1925）。勉三が率いた晩成社という一行が1883年（明治16年）に帯広に入植してから100年目となる記念の年1982年（昭和57年）に開館した総合博物館＆創造活動センター。十勝地区の自然・歴史・産業を概観するには最適な施設になっている。開拓のはるか昔、氷河期にいたという巨大マンモスのジオラマがお出迎え。晩成社の苦労を伝える資料コーナーがあり、十勝の自然、暮らし、農業の移り変わりを実際の機械類を並べて伝えている。圧巻なのは農業の中でも「豆類」を展示する一角だ。200種類にも及ぶ豆のサンプルが壁一面、L字型になって展示される。種類の多さに圧倒されるだろう。

スタートは「マンモスのいた風景」から

緑ヶ丘公園の一角にある施設外観

Data

所 帯広市緑ケ丘2　☎0155-24-5352　営9時～17時（最終入場16時30分）、月曜休館、祝日の翌日（土曜・日曜は開館）と年末年始休館

アイヌ関連の展示コーナー

晩成社の歴史を伝える一角

とかちむら とかちむら[帯広市]

ばんえい競馬とあわせて楽しみたいスポット

ばんえい十勝／帯広競馬場の隣に立地し、ばんえい競馬のにぎわい創出事業の一環とした整備された複合施設。ばんばの歴史を体感できる「馬の資料館」のほか、「産直市場」があり、十勝の野菜や、パンや酒、肉、おみやげなど、十勝の商品がずらりと並ぶ。「とかちむらキッチン」には、豚丼店やスイーツカフェなどの店が入る。ウッドデッキテラスからは、力強く重いそりを引く馬のレースが見える。

ばんえいレースを見ることができる

産直市場には十勝の物産がいっぱい

豚丼の店もあり気軽に味わえる

飲食店が集まる楽しい場所だ

Data

所 帯広市西13条南8丁目1番地 ☎0155-34-7307（10:00〜18:00）営10時〜21時、水曜定休※各店舗により異なる

八千代公共育成牧場 やちよこうきょういくせいぼくじょう[帯広市]

小高い丘の上に建つレストラン

ウベルハウス」ではサーロインステーキ丼や黒豚丼などが味わえる。十勝のフレッシュミルクを使用したソフトクリームが人気。

広大な牧場風景を見ながら十勝を味わう

帯広市の南西部郊外、中札内村に近いエリアにある牧場。十勝幌尻岳（標高1,846メートル）のすそ野に広がる牧場は総面積975.7ヘクタールと広大。5月中旬から10月下旬の間、乳牛などの放牧が見られる。レストラン「カ

Data
所 帯広市八千代町西4線187-1 ☎0155-60-2747 営【レストラン】11時～17時、月曜と年末年始休み

とかち鹿追ジオパークビジターセンター とかちしかおいじおぱーくびじたーせんたー[鹿追町]

水を流し川が変化する実験装置

然別湖に行く前には立ち寄りたい

十勝北部の地形の成り立ちなどを知り学ぶ

鹿追町市街地から然別湖方面への途中、道道から少し中に入ったところにある施設。小さいながらも、案内パネルや説明ツールは充実している。訪問者が少ない時は、スタッフが説明してくれる。ジオラマ模型とプロジェクションマッピングを使った説明は、鹿追の大地のなりたちがよくわかる。川の働きを観察できる実験装置も必見だ。

Data
所 鹿追町瓜幕西29線28番地2 ☎0156-67-2089 営9時～17時、火曜定休、祝日の翌日休館）

然別湖 しかりべつこ[鹿追町]

道内で最も高い場所にある静かな堰止湖

大雪山国立公園唯一の自然湖。標高810メートルと道内では最も高い場所にあり、最深部は約100メートル、周囲は約13キロの湖。周辺にはトドマツ、エゾマツ、ダケカンバといった原生林が取り囲む。この湖は約3万年前の噴火で川がせき止められてできた堰止湖。複雑な湖岸線

SNSで人気となった湖底線路

に9つの湾を形成し、湖北に弁天島を浮かべている。湖の東にある天望山は、その姿と湖面に映る影との形から、唇山（くちびるやま）と呼ば

湖手前の扇ケ原展望台からの十勝平野

れ、然別湖のシンボルになっている。湖畔には観光ホテルとネイチャーセンターがある。天望山の登山口近くには、湖に沈む線路が近年有名な撮影スポットになっている。

Data

所 鹿追町然別湖畔　☎0156-69-8181（然別湖ネイチャーセンター）営 9時〜17時、年末年始休み

湖畔の様子

撮影スポットは船の引き上げ場だ

福原記念美術館 ふくはらきねんびじゅつかん[鹿追町]

スーパーやホテル創業者が集めた私設美術館

　十勝・釧路エリアに多店舗展開するスーパーマーケット「フクハラ」の創業者である福原治平氏（1918-2013）が長年にわたって集めてきたコレクションを一般公開する私設美術館。日本を代表する作家から地元十勝で活躍するアーティストまで作品500点ほどを収蔵していて、

その中の150点あまりを第1から第5展示室まで5つの部屋に分けて展示している。油彩画・日本画・彫刻などをメインに、掛け軸やガラス工芸といったアート類も鑑賞できる。館内には広い庭園に面したランチ＆カフェ店もあり、パスタやハンバーグのほかパフェやドリンク類などのメニューがある。きらびやかな作品にうっとりしながら、じっくりと本物を堪能したい。

明るいランチ＆カフェコーナー

建物は毛利建築設計事務所による

金属工芸家・宮田亮平による「陽光」

妖艶な輝きを放つコーナーもある

Data
所鹿追町泉町1-21　☎0156-66-1010　営9時30分〜17時（季節により変動あり）、月曜・第2火曜・年末年始休館

神田日勝記念美術館 かんだにっしょうきねんびじゅつかん[鹿追町]

代表作がシンボルマークの建物

アトリエを再現したコーナーも

■ 短命だった孤高の画家が放つ輝きにふれる

簡素なベニヤ板に黒い半身の馬が描かれた絵をどこかで見たことがあるだろう。《馬（絶筆・未完）》という代表作を描いたのは「開拓農民であり画家」として知られ、32歳という若さで亡くなった神田日勝（1937-1970）である。開拓農家として鹿追に入植し、十勝の大地で農作業の傍ら、多くの作品を生み出した。展示室は大聖堂のような空間になっている。厳かに、作品と対峙したい。

Data
所 鹿追町東町3-2 ☎0156-66-1555 営10時〜17時（最終入場16時30分）、月曜ほか休み（HPにて確認）

ワイン城 わいんじょう[池田町]

ワイン城1階

レストラン店内、メニューも多彩

■ 池田町のシンボル「ワイン城」は2024年で50周年

正式名称は「池田町ブドウ・ブドウ酒研究所」。池田町が育んできたワイン文化を広めるための拠点施設。地下2階は熟成室、1階はショッピングエリア、ブランデー蒸留室、試飲コーナー。2階はライブラリ・廊ミュージアムとして池田町のワインづくりの歴史パネルを展示。4階はレストラン、カフェがあり、屋上は展望テラスとなっている。前庭には町が開発した独自品種ブドウが植えられ、駐車場の近くには見学ができるワイン工場とスパークリングワイン製造施設がある。

Data
所 池田町字清見83-4 ☎015-578-7850 営9時〜17時、年末年始休み※レストラン、フードカウンターの営業は各施設による

道の駅なかさつない
みちのえきなかさつない［中札内村］

中札内の加工品も多数並ぶ

地元野菜をたっぷり使ったそば

▌中札内の特産品が集まる グルメな道の駅

　中札内村の中心部、国道236号沿いにある。敷地内の左側に農産物直売所がある。ユニークなのは、卵の自動販売機があること。新鮮な朝採りの卵で人気がある。隣には開拓記念館を利用した

そば店などグルメ満載な道の駅だ。

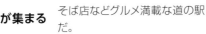

テイクアウト店も入る直売所

Data
所 中札内村大通南7丁目14番地
☎0155-67-2811（観光インフォメーション）営 9時〜18時（4月〜10月、11月〜3月は17時まで）、4月〜11月無休、12月〜3月は月曜・年末年始休館※上記は「観光インフォメーション」のもの。各施設の営業時間は要問合せ

ハッピネスデーリィ
はっぴねすでーりぃ［池田町］

　ワイン城近くにある人気のジェラート&ソフトクリーム店。オーナーである嶋木牧場で育てられたホルスタインの

生乳を使用する。

Data
所 池田町清見103-2 ☎015-572-2001 営
【OPEN】9時30分【CLOSE】（夏期）平日17時30分、土日祭18時、（冬期）平日17時、土日祭17時30分【定休】火曜、11月1日〜3月15日は店舗休業（オンラインのみ対応）

六花の森

六花亭アートヴィレッジ中札内美術村

ろっかていあーとヴぃれっじなかさつないびじゅつむら（中札内村）

7つの美術館・作品館が点在するアートな森

　帯広を本社に、北海道を代表するお菓子メーカー六花亭が管理運営する7つの美術館やレストランが点在する文化施設。中札内市街地にある道の駅「なかさつない」から車で約5分。国道236号から1本中に入ったところに大きな駐車場がある。カシ

ワの木々が茂る森の中には各施設をつなぐ遊歩道が整備され、木もれ日あふれる明るい散策が楽しめる。点在する美術館はどこも入館無料。夏はエアコンがびしっと効いて心地いい。任意による寄付を受け付けているので、気持ちよくおひねりを投入したい。

　どの作家も北海道や十勝、中札内の自然や風景を描いた作品

を中心に展示される。壁をバックにゆったりと飾られる大きな作品展示には圧倒されるものばかりだ。美術館によっては映像が流れていたり、作家のアトリエが再現され、見どころは満載。作品のみならず、建物自体も建築的に見どころが多い。加えて、壁面が全面ガラス張りになった施設もあり、室内から眺めるカシワの林がまるで額縁に入ったアート

ゆったりと鑑賞できる各施設

中札内村で制作活動も行われた小泉淳作美術館

北の十名山を描いた相原求一朗美術館

百瀬智宏美術館

よく手入れがされている庭園

彫刻家、板東優の作品

レストランポロシリの店内

どの館内もゆったりと作品が展示される

庭をゆったりと眺められるようにしてある

作品にも見えるしつらえに驚かされる。

　敷地内の道路を挟んだ雰囲気の異なる場所に庭園が整備されている。春の新緑、秋の紅葉。山もみじのトンネルが印象的なイングリッシュガーデンだ。その隣、芝生がきれいな小山の上にもブロンズの作品が置かれている。

　敷地内のレストラン「ポロシリ」では、地元の野菜などを使ったメニューが味わえる。オリジナルレシピの「ポロシリカレー」や、タンシチュウやトマトソースのグラタンなどを組み合わせることも可能。店内はもちろん、テラス席もあり、開放感あふれる場所で家庭的な味を堪能できる。

Data

所 中札内村栄東5線 ☎0155-68-3003 営 4月下旬～10月下旬の美術館は金・土・日・祝日営業、レストランは土・日・祝日営業【各美術館】10時～16時【レストラン】11時～14時30分L.O.

六花の森 ろっかのもり[中札内村]

六花亭の花柄包装紙を描いた直行の施設が集まる

中札内村にある六花亭の工場横に、北海道出身の画家・坂本直行（1906年–1982年）の関連の作品館が点在する森。受付棟で入場料を払って、ハルニレの木々が茂る森の中へ入る。園内には「三番川」の原始の流れがあり、水と森のハーモニーがどこか懐かしく美しい。園内には直行の記念館やデッサン館、氏が描いた花

園内は10万㎡という広大な敷地

柄包装紙館など全部で8つの小美術館のような展示棟が点在している。園内には「十勝六花」と呼ばれ六花亭の花柄包装紙にも描かれる、カタクリ、シラネアオイ、エゾリュウキンカ、オオバナノエンレイソウ、ハマナシ、エゾリンドウの6種の山野草が咲く。

森の出口には「六'café」が建ち、お菓子やオリジナルグッズを販売するショップとカフェがある。カフェオリジナルの「六'caféマルセイバターサンド」（145円）はこ

小川が流れ開けた雰囲気のエリアも

こだけの作りたて。ビスケットとクリームが、まだ一体化していないできたての味を楽しめる。

ロッカフェ店内では食事メニューもある

Data

所 中札内村常盤西3線249-6 ☎0155-63-1000 営【六花の森】4月下旬〜10月下旬、10時〜16時【ショップ】10時30分〜16時【カフェ】11時〜16時（L.O.15時30分）※季節によって変動あり

十勝ヒルズ とかちひるず[幕別町]

お花と絶景にいやされる丘の上のガーデン

帯広の中心部から車で約20分。小高い丘の上にあるガーデン。花と食と農がコンセプト

テラスから眺めるポタジェエリア

受付があるヒルズショップ&カフェ外観

になっている。ガーデン入園受付となる「ヒルズショップ&カフェ」を通って、9つのテーマごとに見どころが続く。ヒルズカフェではピクニックセットの無料貸し出しがあり、「ピクニックランチボックス」（お茶付き1,200円）などをオーダーしてお庭ランチも楽しめる。ショップでは、

ブルーサルビア越しに十勝平野を展望

ガーデングッズのほか、十勝の加工品やアート小物などが販売される。春から秋まで何度でも訪問したい場所だ。

Data

所幕別町字日新13-5
☎0155-56-1111 営【ガーデン・ショップ・カフェ】4月下旬〜10月下旬、9時〜17時（期間中無休）※10/18〜4/23（無料開放中）、ガーデンカフェ営業は要問合せ

新嵐山スカイパーク展望台 しんあらしやますかいぱーくてんぼうだい［芽室町］

頂上にある展望台の全景

景が広がる。特に正面西側からの眺めは、直線道路の交差による長方形の畑が、緑、黄色、茶色とカラフルな色が隣りあう。

▌十勝のパッチワーク風景が眼下に見られる場所

十勝平野のパッチワークの風景をすぐ近くで見られるスポット。メムロスキー場の頂上付近にあたり、車で上れる道がつけられ駐車場とトイレが設置されている。標高は340メートルで、展望台に上がると360度のパノラマ風

Data
所 芽室町中美生2線
☎ 0155-62-9736（芽室町役場）営 展望台は冬季休業（12月～4月）

JA忠類直売所 菜の館ベジタ じぇいえーちゅうるいちょくばいじょさいのやかたべじた［幕別町］

ゆり根コーナーは一番手前

三角形の大屋根が目印の外観

あって子どもたちの歓声が響いている。

▌忠類ゆり根を買っていきたい、JAが運営する直売所

道の駅「忠類」の隣にある直売所。ウッディー感あふれる店内には地元の野菜類が並んでいる。なかでも目につくのは特産品の「ゆり根」だ。おいしい食べ方のPOPをつけてアピールしている。加工品のほか、ソフトクリームも人気。周囲には「忠類ナウマン象記念館」や「ナウマン公園」が

Data
所 幕別町忠類白銀町383番地の3
☎ 01558-8-3303 営 4月下旬～11月上旬、10時～16時、火水曜休み

オンネトー　おんねとー［足寄町］

コバルトブルーの色を変える神秘な五色沼

北海道三大秘湖のひとつ。雌阿寒岳・阿寒富士の麓にある神秘の湖。湖面がその時々によって色を変えることから「五色沼」の別名もある。名前はアイヌ語で「年老いた沼」あるいは「大きな沼」の意味。周囲約2.5キロ、コバルトブルーの水をたたえる。湖のそばを通る道は狭く、すれ違いなどには注意したい。道路のところどころに散策路と展望デッキが整備されている。

湖の手前には野中温泉が営業し、シャワーやカランなど一切ないツウ好みの名湯として知られる。湖の奥にはこれまたツウ好みの野営場がある。そのさらに奥、徒歩20分ほど歩いた先には「オンネトー湯の滝」という温泉が流れる学術的に貴重なスポットがある。ここはかつて、熱帯魚が放され繁殖。数千匹を大掛かりな工事で駆除・根絶させた歴史を持つ。

Data
所足寄町茂足寄　☎0156-25-6131（あしょろ観光協会）

オンネトー

あとがき

　本書は2022年（令和4年）4月に北海道新聞社から発売になった「北海道 大人の日帰りスポット480」の改訂版である。前作は予想を超える反響をいただき、在庫がなくなったことから、改訂の機会を得た。

　情報の確認のために再取材をしてみると、コロナ禍のあおりを受けやむなく閉店した飲食店、閉鎖になった施設もあった。一方で、再開発が進む札幌市内中心部では新たな商業施設も続々誕生している。こうした変化の中から「大人」目線でその魅力を紹介したのが本書である。また、取材によって、改めて北海道の魅力を知ることができた。

　取り挙げた施設や店舗に若干偏りがあるのはご容赦いただきたい。本書で紹介できなかった魅力ある施設や店舗はまだまだたくさんある。これからも地元目線で全道各地のお出かけスポットを紹介していきたいと思っている。

　本の製作にあたっては、観光施設や自治体関係者、飲食店の方々、編集担当の北海道新聞社出版センターの五十嵐裕揮さんをはじめとする皆さまのご協力によって生まれた。改めて感謝したい。

　この本が読者の皆さまの休日のお役に立てれば、望外の喜びである。

著者略歴
花岡俊吾 （はなおか・しゅんご）
取材・執筆・撮影

1965年（昭和40年）、恵庭市生まれ。江別市在住。高崎経済大学を卒業後、札幌の広告会社(株)ピーアールセンターに就職し、企業や団体の宣伝活動に従事。2007年に独立し、現在は取材活動がメイン。著書に「北海道キャンプ場&コテージガイド」「決定版北海道道の駅ガイド」「北海道大人の日帰りスポット」（すべて北海道新聞社）ほか。幼少期からの野次馬根性はいまだ完治せず、地図を眺めては、道内各地の行ったことがないところを訪れ、取材している。セイコーマートをこよなく愛す。カラオケと病院は大の苦手。趣味はランニングと登山。体力低下と老眼進行が目下の悩み。

北海道　大人の日帰りスポット 2024-25

2024 年 4 月 30 日初版第一刷発行

著　者	花岡俊吾
発行者	惣田　浩
発行所	北海道新聞社
	〒 060-8711　札幌市中央区大通西 3 丁目 6
	出版センター　編集　011・210・5742
	営業　011・210・5744
印　刷	中西印刷株式会社

ISBN 978-4-86721-129-8

本書の情報は2024年（令和6年）3月現在の情報です。施設の現況や商品の販売状況、料金などは変更になる場合もあります。ご利用の際には必ず事前にご確認ください。